莫萨营销沟通情景对话系列

U0680659

房产销售人员
超级口才训练
（实战升级版）

王 宏◎著

人民邮电出版社

北 京

图书在版编目（CIP）数据

房产销售人员超级口才训练：实战升级版 / 王宏著
. -- 2版. -- 北京：人民邮电出版社，2019.1
（莫萨营销沟通情景对话系列）
ISBN 978-7-115-50043-4

Ⅰ. ①房… Ⅱ. ①王… Ⅲ. ①房地产－销售－口才学
Ⅳ. ①F293.352②H019

中国版本图书馆CIP数据核字(2018)第249891号

内 容 提 要

好口才才能有效说服客户，好口才才能带来好业绩。具备有效的沟通技能和良好的口才，对房产销售人员来说尤为重要。

这是一本有效提升房产销售人员沟通能力的工具书。书中内容涉及房产销售过程中的售楼热线接听、客户来访接待、需求挖掘、户型推荐、带客户实地参观、异议拒绝的处理、客户的跟踪跟进、签约促成、售后服务等各个环节，通过79个情景呈现，详细阐述了房产销售人员与客户沟通中需要用到的各种技巧。

本书适合房产销售人员、销售经理以及销售培训师等使用。

◆ 著　　　　王　宏
责任编辑　庞卫军
责任印制　焦志炜

◆ 人民邮电出版社出版发行　　北京市丰台区成寿寺路 11 号
邮编　100164　　电子邮件　315@ptpress.com.cn
网址　http://www.ptpress.com.cn
北京七彩京通数码快印有限公司印刷

◆ 开本：700×1000　1/16
印张：14　　　　　　　　　　2019 年 1 月第 2 版
字数：150 千字　　　　　　　2025 年 3 月北京第 19 次印刷

定价：59.00 元
读者服务热线：(010) 81055656　印装质量热线：(010) 81055316
反盗版热线：(010) 81055315

前　言

作为大宗商品，房子对客户来说不仅仅是遮风避雨的居所，更是安居乐业的理想生活的承载体，大部分家庭或个人在购房时都是小心谨慎的。所以房产销售人员销售的不仅仅是房子，更是这种安居乐业的生活理想。房产销售人员必须掌握全面的行业知识，练就有效的沟通技能，才能成为客户信赖的专业置业顾问。

面对客户的各种情况、客户提出的不同问题、同一问题客户的不同表现，房产销售人员该如何应对？如何进行有效沟通，提升自己的销售业绩呢？

本书针对房产销售人员开展业务过程中的 9 大环节，以"四位一体"的内容结构形式将房产销售过程中常见的 79 个销售情景一一展现，给出了这些问题的答案。

9 大环节：售楼热线接听、客户来访接待、客户需求挖掘、房型推荐、带客户实地参观、异议拒绝的处理、客户的跟踪跟进、签约促成、售后服务。

79 个情景：详细列出每一环节可能出现的情况，每一情景都是一个问题点、技巧点。

四位一体：本书针对每一销售情景，通过对话的方式进行实景再现，分析说明对话沟通中的可借鉴之处，同时指出可能出现的错误，最后进行方法技巧展示，这些内容可以帮助房产销售人员有效应对销售过程中出现的各类问题，进而提升自身的沟通能力。

本书呈现的 79 个销售场景为房产销售人员演绎了销售的整个过程，再现了优秀房产销售人员在不同场景中的沟通话语，是房产销售人员全面学习沟通技巧的经典教材。

值得注意的是，我们提供的销售场景和呈现的具体问题有的可以直接运用于销售过程中，有的则需要读者根据现场实际情况变通使用，切不可生搬硬套。

本书适合房产销售一线人员使用，也可作为房产销售人员提高沟通培训技能的教材，或者作为房产销售管理人员指导下属的参考用书。

目录
Contents

■第1章 找客户：怎么交谈，怎么约见 ………………………………… 001

第1节 接电话 ………………………………………………………… 003

情景01 留下完美的第一印象 ……………………………………… 003

情景02 答疑解惑有方寸 …………………………………………… 005

第2节 打电话 ………………………………………………………… 007

情景03 巧问客户资料信息 ………………………………………… 007

情景04 介绍卖点提升兴趣 ………………………………………… 009

情景05 邀约面谈创造机会 ………………………………………… 012

情景06 再度邀约彰显诚意 ………………………………………… 014

情景07 结束通话把握细节 ………………………………………… 016

情景08 探寻需求型 ………………………………………………… 018

情景09 产品介绍型 ………………………………………………… 020

情景10 优惠促销型 ………………………………………………… 022

第3节 新媒体 ………………………………………………………… 024

情景11 微信小程序咨询与回答 …………………………………… 024

情景12 在线客服问询与回答 ……………………………………… 026

■第2章 迎客户：怎么判断，怎么攀谈 ………………………………… 029

第1节 意向不明型客户 ……………………………………………… 031

情景13 客户在销售中心外犹豫徘徊 ……………………………… 031

情景14 客户对房产销售人员爱理不理 …………………………… 034

情景15 客户说"我就是随便看看" ………………………………… 036

情景16 客户看了一圈转身打算离开 ……………………………… 038

第2节 目标型客户 …………………………………………………… 040

情景 17　客户仔细查看户型资料、模型 …………………………… 040
情景 18　客户开门见山直接询问价格 ……………………………… 043
情景 19　客户考察看房之后再度光临 ……………………………… 045

第3节　特殊型客户 …………………………………………………… 047
情景 20　特殊客户应当给予特殊关照 ……………………………… 047
情景 21　高峰时期同时接待多位客户 ……………………………… 049
情景 22　同行踩盘时要善应对、多提防 …………………………… 051

■第3章　挖需求:怎么探寻,怎么推介 …………………………… 053
第1节　挖掘需求 ……………………………………………………… 055
情景 23　全面掌握客户的信息 ……………………………………… 055
情景 24　挖掘客户购房的需求 ……………………………………… 058
情景 25　探询客户的购房预算 ……………………………………… 060
情景 26　了解客户的决策情况 ……………………………………… 062
情景 27　判断客户的市场认知 ……………………………………… 064
情景 28　让客户需求快速升温 ……………………………………… 067

第2节　推荐户型 ……………………………………………………… 070
情景 29　如何进行沙盘解说 ………………………………………… 070
情景 30　如何圈定意向户型 ………………………………………… 074
情景 31　如何进行销控配合 ………………………………………… 077
情景 32　如何渲染房产卖点 ………………………………………… 078
情景 33　如何评价竞争楼盘 ………………………………………… 080
情景 34　如何回答客户提问 ………………………………………… 085
情景 35　如何面对群体客户 ………………………………………… 087
情景 36　如何应对低调反应 ………………………………………… 089

第3节　带客看房 ……………………………………………………… 093
情景 37　看房要做足准备工作 ……………………………………… 093
情景 38　如何向客户介绍现房 ……………………………………… 096
情景 39　如何向客户介绍期房 ……………………………………… 100
情景 40　如何向客户介绍样板房 …………………………………… 103
情景 41　如何巧妙应对楼盘缺陷 …………………………………… 107
情景 42　如何让客户回销售中心 …………………………………… 110

情景 43　如何进行第一次逼定 ………………………………………… 112

■第4章　消疑虑:怎么排除,怎么化解 ……………………………… 115

第1节　拒绝应该这样除 ……………………………………………… 117

情景 44　这房子我不是很喜欢 ………………………………………… 117

情景 45　我不太放心你们公司 ………………………………………… 119

情景 46　这房太贵了我买不起 ………………………………………… 122

第2节　异议应该这样解 ……………………………………………… 124

情景 47　我还是觉得毛坯房好 ………………………………………… 124

情景 48　再打一点折我就买了 ………………………………………… 127

情景 49　我请业内朋友来看看 ………………………………………… 130

情景 50　客户看好同伴不喜欢 ………………………………………… 131

第3节　迟疑应该这样消 ……………………………………………… 133

情景 51　我先比较比较再决定 ………………………………………… 133

情景 52　我要和家人商量商量 ………………………………………… 137

情景 53　我不着急买房再等等 ………………………………………… 139

■第5章　追客户:怎么跟进,怎么催促 …………………………… 143

第1节　追客应该这样跟 ……………………………………………… 145

情景 54　客户拒绝不代表失败 ………………………………………… 145

情景 55　潜在客户要区分重点 ………………………………………… 148

情景 56　找准跟进的切入话题 ………………………………………… 150

情景 57　客户下定之前的跟进 ………………………………………… 154

情景 58　客户下定之后的跟进 ………………………………………… 157

情景 59　客户退订之后的跟进 ………………………………………… 160

第2节　追客应该这样催 ……………………………………………… 162

情景 60　催促客户做决定 ……………………………………………… 162

情景 61　催促客户选户型 ……………………………………………… 164

情景 62　催促客户交定金 ……………………………………………… 166

■第6章　促签约:怎么促成,怎么成交 …………………………… 169

第1节　直接成交 ……………………………………………………… 171

情景 63 直接促成法 ································· 171

情景 64 假设促成法 ································· 174

情景 65 选择促成法 ································· 176

情景 66 让步促成法 ································· 178

情景 67 利益促成法 ································· 180

情景 68 对比促成法 ································· 182

情景 69 实例促成法 ································· 184

情景 70 最后一问法 ································· 186

情景 71 富兰克林法 ································· 188

第2节 心理成交 ····································· 191

情景 72 激将促成法 ································· 191

情景 73 引导促成法 ································· 193

情景 74 从众促成法 ································· 195

■第7章 增信任:怎么服务,怎么增进 ········· 199

第1节 售后服务 ····································· 201

情景 75 签约的流程与事项 ····················· 201

情景 76 老客户怨诉应重视 ····················· 204

情景 77 客户退房妥善处理 ····················· 208

第2节 增进信任 ····································· 211

情景 78 售后回访增进感情 ····················· 211

情景 79 老客户人际关系巧利用 ················· 213

Chapter 1

第1章

找客户：怎么交谈，怎么约见

客户在看到房产公司的楼盘宣传广告或DM单后，为了节约时间，通常会先通过售楼热线进行初步的咨询与了解，以便决定去哪些楼盘考察。这时，房产销售人员如果沟通得当，就很有可能将客户吸引到现场面谈；反之，客户可能转向其他楼盘。因此，售楼热线的接听是房产销售人员实现成功邀约、获得销售机会的关键性的一步。

第1节　接电话

情景01　留下完美的第一印象

情 景模拟

（售楼电话热线在响第三声的时候，房产销售人员面带微笑地接听了电话）

房产销售人员："先生，您好，这里是××公司，我是小王，您需要什么帮助吗？"

客户："请帮我找一下小李来听电话。"

房产销售人员："好的，请您稍等片刻……抱歉，让您久等了，小李陪客户看房去了，请问您有什么事吗？我能不能帮您转达？"

客户："不用了，你让他给我回个电话。"

房产销售人员："没问题，麻烦您留下电话和姓名，好吗？"

客户："我姓陈，电话是××××××××。"

房产销售人员："我确认一下，陈先生，您的电话是××××××××，对吧？我让小李下午三点给您回电话，可以吗？"

客户："行。"

房产销售人员："好的，陈先生，我姓王，谢谢您的来电，再见。"

情 景分析

接听客户的来电也是有技巧的，最好不让响铃超过3次。电话接通后，房产销售人员首先应该"自报家门"，然后再了解客户的需求，并及时解决客户疑问，给客户反馈。房产销售人员礼貌、亲切、热情、迅速地接听热线电话，才能给客户留下完美的第一印象。

😞 错误提醒

错误提醒 1： 粗鲁，使用方言、口头禅、脏话等，不注意礼节。

房产销售人员："喂，谁啊？您说话大声点！什么事啊？"

房产销售人员："找小李啊，他不在！"（"啪"的一声挂断电话）

房产销售人员："您想看 1 室 1 厅的小户型啊？没了，卖没了！"（"啪"一声挂断电话）

错误提醒 2： 接听电话三心二意，与同事或其他客户搭话。

客户："我想了解一下你们广告上每平方米 6 000 元的房。"

房产销售人员："每平方米 6 000 元的啊……（对身边的客户）张先生，您先坐，喝杯水。（接着通电话）6 000 元的是吧，您想看几室几厅的呢？（对同事）哎，帮我拿支笔来。（回到电话）您想看 2 室 1 厅的，是吧……"

技巧运用

留下完美的第一印象

售楼热线和售楼处一样，是房产公司向客户展示良好形象的一个平台。接听热线的房产销售人员不仅代表自己，也代表了公司，代表了所售楼盘的品质。因此，给客户留下完美的第一印象非常重要，以下这些细节要做好。

接听电话的细节

➤ 及时接听电话，不让响铃超过3次

➤ 清晰、礼貌地"自报家门"，例如："您好，这里是××公司，我是小王，您需要什么帮助吗？"

➤ 多用礼貌用语，如"您""请稍等""让您久等了""谢谢来电"等

➤ 注意电话礼节

　　声调柔和，语速适中，吐字清晰，话语简洁，避免使用方言、脏话或口头禅，不允许对着电话打呵欠、咳嗽、大笑，更不能以不耐烦的口气来通话，不允许在接听客户电话时与同事或其他客户搭话

➤ 迅速回答客户问题

　　不拖延、不推诿、高效、积极、迅速地回答客户提出的问题

情景 02 答疑解惑有方寸

情景模拟

房产销售人员："先生，您好，有什么可以帮您的吗？"

客户："我看到了你们公司的广告，你们均价多少钱啊？"

房产销售人员："不同的户型价格不一样，4 000~8 000 元的都有。您大概想看多少平方米的呢？"（对价格问题模糊作答）

客户："70 平方米左右。这广告上还写着送全套家电，都有什么啊？"

房产销售人员："洗衣机、冰箱、空调和热水器。"（突出广告宣传的卖点）

客户："分期付款可以分几次啊？首付款是多少？如果一次性付款有什么优惠吗？"

房产销售人员："先生，您住在哪里？"

客户："二环靠西边。"

房产销售人员："买房子是件大事，我想，相比价格，您一定更关心房子的品质。西二环离我们楼盘只有半个小时车程，我建议您过来看一看，您说呢？"（对敏感问题转换话题，不予回答）

情景分析

房产销售人员在与客户进行电话洽谈时，解答客户的疑惑要有分寸、有限度。电话洽谈的最主要目的是说服和吸引客户到售楼现场面谈，如果房产销售人员在通话中对客户的所有疑惑一一做出解答，可能会降低客户前来面谈的概率。此外，掌握好电话洽谈的分寸还能避免同行打电话来刺探信息。一般来说，广告上宣传的卖点可以跟客户讲，而涉及公司商业秘密与竞争优势的信息则应该模糊作答，或者转换话题避免作答，这样既不损害公司利益，又为客户留下了尚未解决的疑问，可以吸引客户前来面谈。

错误提醒

错误提醒1：被客户的问题牵制，长时间占用热线电话。

客户："你们楼盘环境怎么样？交通方便吗？"

房产销售人员："……"

客户："都有什么户型？"

房产销售人员："……"

错误提醒2：口径不统一，客户起疑心。

客户："你们那里60平方米的小户型现在还有吗？"

房产销售人员："没有了，这种户型早就卖完了。"

客户："怎么可能，上午我打电话来，另一位销售人员还跟我说有房呢！你们两个人怎么有两种说法啊！"

房产销售人员："这个……"

技巧运用

方法技巧1：公司利益放心上，解答疑惑有分寸

房产销售人员在接受培训时，一定要明确哪些信息是涉及公司的商业秘密与竞争优势的，在客户问及这类问题时，回答要掌握分寸，不能损害公司利益。关于楼盘的规划、配套设施、工程进度、建筑质量、定价方案及销售政策等内容，房产销售人员要统一口径，否则会严重影响客户对公司的印象和信任。

方法技巧2：控制热线通话时间，敏感问题特殊处理

楼盘广告登出后，售楼热线往往会非常繁忙，每一个电话都可能是一个销售机会，因此，通电话的时间不能太长，以3~5分钟为宜。当客户不断提问，尤其是问及不适宜在电话中沟通的敏感问题时，房产销售人员要巧妙处理，尽量吸引客户带着未解决的疑问来售楼现场。

第2节 打电话

情景03 巧问客户资料信息

情景模拟

房产销售人员："先生，您好，请问怎么称呼您呢?"

客户："我姓陈。"

房产销售人员："您住的地方离这里不远吧?"

客户："挺远的，1个多小时车程呢。"

房产销售人员："陈先生，您想了解哪种户型?"（直接询问）

客户："3室2厅的。"

房产销售人员："我们的楼盘共21层，不知道您喜欢高层、中层还是低层?"

客户："八九层吧。"

房产销售人员："陈先生，是这样，户型不同，选择的付款方式不同，我们的优惠力度也会有差别，不知道您比较倾向于一次性付款，还是按揭呢?"（迂回询问）

客户："按揭。"

房产销售人员："您方便告诉我联系方式吗?"

客户："联系方式我就不留了，等有时间我会去看看楼盘。"

房产销售人员："陈先生，我们明天会公布按揭付款的优惠政策，我想到时候打电话告诉您，让您在比较楼盘的时候也有个参考。您的手机号码是?"（诱导询问）

客户："那你记一下吧，我的手机号码是1390××××××。"

房产销售人员："好的，我记下了，1390××××××，对吧?"

情景分析

详细了解客户的资料与信息，不仅有利于房产销售人员在电话洽谈中说出最能吸引客户的独特卖点，也有利于面谈时为客户推荐合适的户型。这些信息和资料分为两类，一类是客户的个人信息，例如姓名、住址、联系方式等；另一类是客户的需求信息，例如客户偏好的户型、面积、楼层、朝向、付款方式等。房产销售人员可以直接询问，也可以迂回询问，还可以用优惠促销的信息来诱导询问。多样的问询方法，不仅可以减少客户的心理戒备，还有利于房产销售人员获取更多有效、有用的信息。

错误提醒

错误提醒1：客户不愿告知个人信息，房产销售人员就轻易放弃。

房产销售人员："您方便告诉我您的联系方式吗？"

客户："不必了，我不想接那么多电话。要是觉得好我会去看的。"

房产销售人员："那好吧，您要是觉得不错就来售楼处看看吧。"

错误提醒2：房产销售人员询问时过于急躁，接连发问，最终吓跑客户。

房产销售人员："您贵姓啊？住在哪里啊？今天能过来看房吗？"

客户："……"

房产销售人员："您想看什么样的户型？大概多少平方米的？是按揭还是一次性付全款啊？"

客户："……"

技巧运用

方法技巧：如何获取客户的联系方式

通过电话洽谈掌握的客户信息当然是越多越好，其中，最重要的是获取对方的联系方式，以便后期的面谈邀约与销售跟进能够顺利进行。但是，客户往往会有戒备心理，担心被骚扰，因此可能不愿意留下电话，这就要求房产销售人员学会以多种方式来获取客户的联系方式。

如何获取客户的联系方式

1. 利用来电显示

● "先生，我从来电显示上看到的号码是1370×××××××，这是您常用的电话号码吧？"

2. 开门见山直接询问

● "您好，这是我们的热线电话，您是否方便告诉我您的号码，我给您拨过去？"

● "先生，您的手机号码是多少？"

3. 提供利益或信息反馈

● "对不起，您问的这个问题比较特殊，我需要请示一下经理，您给我留个号码，我稍后给您打回去好吗？"

● "我们公司正在举办电话抽奖活动，被抽中的客户能获得一份价值1888元的礼物，您方便给我留一个手机号码吗？"

● "我给您发一份三室两厅的户型图，供您参考参考，您的电话号码是多少？"

4. 个人信息交换

● "我的手机号码是1361×××××××，您要是有问题，随时可以联系我，您的联系方式是？"

情景04　介绍卖点提升兴趣

情景模拟

客户："你们的楼盘在哪里啊？环境怎么样？"

房产销售人员："先生，我们的楼盘在三环与四环之间，离地铁仅500米，附近有两所知名高校，交通很方便，而且社区内拥有这一带面积最大的风景园林，环境非常优美。"（社区环境的卖点）

客户："那价格肯定不便宜，均价多少啊？"

房产销售人员："楼盘环境好，价格却不高，均价7 500元，和附近的其他楼盘差不多。我们的开盘时间刚好是公司成立20周年，现在正进行为期1周的大幅度答谢促销，在每平方米优惠188元的基础上还能打九八折呢！先生，您想看什么样的户型？"（价格与促销的卖点）

客户："2室1厅的。"

房产销售人员："那真巧，我们这次开盘一共推出了188套房，其中有100套是2室1厅的。现在还剩10套左右，都是南北通透的。"（紧俏数量的卖点）

客户："就剩10套了吗？"

房产销售人员："对啊，环境好，价格又合理，所以销售非常火爆，我们附近两所高校的十多位教授都在这个小区安家了呢。这样的楼盘，在这一带可以说是非常好的。"（社区人文环境的卖点）

客户："听起来确实很不错。"

情景分析

房产销售人员要想吸引电话咨询的客户来实地考察、当面洽谈，在电话沟通中就必须向客户传达楼盘的独特卖点，以激发客户强烈的兴趣。在上文的情景中，房产销售人员就向客户简洁而有力地介绍了几个卖点：最佳的社区环境、最合理的价格、最大的促销力度、最火爆的销售状况、最好的人文环境。通过这些独特的卖点，房产销售人员既让客户感受到了楼盘在质量和价格上的双重优势，又激发了客户"好房不等人"的紧迫感，促使客户尽快地到售楼现场进行面谈。

错误提醒

错误提醒：过分地强调楼盘的优势，可能会引起客户的怀疑。

房产销售人员："我们这个楼盘的价格是全市最低的。"

房产销售人员："您放心，我们这个楼盘交通非常方便，到地铁站、公交站也就三五百米的距离。"

房产销售人员："我可以一点也不夸张地说，我们楼盘是这一带最好的房子。"

技巧运用

方法技巧1：提炼房产的独特卖点

卖点就是本楼盘不同于其他同类楼盘的特殊优点与优势。能否挖掘到好卖点，能否渲染出好卖点，是房产销售人员激发客户兴趣与购买欲望的关键所在。房产的独特卖点可以从以下几个方面去发掘。

提炼楼盘的独特卖点

1. 从楼盘的独特性出发

强调"最""唯一""独一无二""绝无仅有"。

例如，楼盘是由知名设计师参与设计的；楼盘是某个区域范围内的最高建筑；楼盘使用的建筑材料是最高端的；楼盘是由国内领先的房地产商开发的；楼盘附近的商场是某个区域内最大、最繁华的；某知名人士也选择了这个楼盘安家置业等。

2. 从利益与需求的角度出发

阐述楼盘给客户带来的利益，或者能满足客户的某种主导性的需求。

例如，楼盘的优惠力度非常大；楼盘大部分业主是成功人士，对孩子的成长是最有利的；楼盘附近就有地铁站与公交车站，出行非常方便；楼盘靠近大型公园，自然环境优越等。

3. 从与竞争楼盘的对比角度出发

例如，楼盘的价格是某个区域内最低的；楼盘的建筑密度与绿化情况是附近所有楼盘中最理想的；楼盘的方位与朝向比其他楼盘更科学；楼盘的销售情况比其他楼盘都要好等。

房产销售人员最好将楼盘的主要卖点都记下来，贴在电话旁边显眼的位置上，这样在向客户介绍的时候可以更方便、更有条理。

方法技巧 2：卖点介绍的注意事项

不要滔滔不绝地过分赞扬楼盘，介绍卖点时应该有理有据，点到为止

1

不要将楼盘的所有特色和优势在电话中一一介绍，要适当保留，这样才能更好地吸引客户来现场

2

不要一味地被动回答客户的提问，要学会主动引导客户，对客户提出的问题进行简要回答，并巧妙地回问客户，以便掌握客户更多的信息与需求

3

情景05　邀约面谈创造机会

情景模拟

房产销售人员："陈先生，这楼盘我夸得再好都不如您实地来看一看，今天和明天哪个时间您比较方便呢？"

客户："我先上网搜搜其他楼盘再说吧。"

房产销售人员："不错，买房子是件大事，我也建议您在做决定之前一定要实地考察3个以上的楼盘。我们的户型虽然不能说是最好的，但是在这一片区域还是相当有竞争力的。"

客户："我知道，但是我很忙。"

房产销售人员："陈先生，看来您是个很珍惜时间的人。我倒是认为，正因为您比较忙，所以我们这个楼盘您一定要抽空来实地看一看。"

客户："为什么呢？"

房产销售人员："看了好楼盘，您心里就会有个选房子的标准，有了标准才能挑选到好的房子，以后住起来也会更舒心，不会有纠纷和麻烦，这不就是在节省您的时间嘛。我们售楼处的上班时间是从早上8点到晚上9点，您哪个时间段比较有空呢？"

客户："中午比较好。"

房产销售人员："那我们就把时间定在明天中午，您看怎么样？"

客户："行。"

情景分析

房子是大宗商品，人们购买时都会比较谨慎，一般不可能只通过电话就使客户达成实质性的购买意向，因此，通过电话争取到与客户面对面洽谈的机会非常重要。客户的时间和精力往往都有限，很多时候会先通过电话咨询或者网上了解锁定几个中意的楼盘，然后再去实地考察。因此，在房产销售人员发出面谈邀请时，客户有可能会说出"我很忙""我想再了解了解，比较比较"等话语，委婉拒绝或者拖延实地考察和面谈的时间。在这种情况下，房产销售人员必须再次强调楼盘的独特优势与卖点，指出看房与面谈的重要性，使客户接受邀请，赢得面谈的机会。

😞 错误提醒

错误提醒 1：唯我独尊，打压其他楼盘。

客户："我先比较比较几个楼盘，哪个好我就去看哪个。"

房产销售人员："您还比较什么啊，我们楼盘是这一带最好的，不管您怎么比较，最后肯定还是会来我们这里的。"

错误提醒 2：不做积极的努力，轻言放弃，失去了面谈的机会。

客户："我很忙，没时间看房。"

房产销售人员："这样啊，那您有时间的话再过来看看吧，我们楼盘真的很不错。"

技巧运用

方法技巧 1：邀约面谈的注意事项

邀约面谈的注意事项

1. 邀约一定要确定具体时间，不要跟客户说"有空来看看"等类似的话语，这样给了客户很大的空间，会让自己很被动。

2. 邀约尽量用选择式问句，而不是提问式问句，举例如下。

"陈先生，您什么时候有空来看看楼盘呢？"（提问式）

"看吧，有空我就过去。"

"陈先生，您是周六上午过来，还是下午呢？"（选择式）

"下午吧。"

"好的，我会专程等候您。"

方法技巧 2：常用邀约话术

"我们楼盘规模很大，每套房价格都有不同，电话里说不太清楚，您看周六还是周日您来实地看一看吧？"

"陈先生，您既然这么忙，那么星期五晚上或星期六上午您休息的时候来好吗？说真的，买房子是大事，一定要多比较。我肯定，您到我们这里看一下，我一定让您不枉此行。"

"陈先生，买不买无所谓，您多看看肯定是没有错的，希望有机会与您见面，到时我一定会帮您好好介绍一下。"

"陈先生，根据您刚才跟我提的一些要求，我觉得我们的房子非常适合您，现在还有10套左右的房源，您看今天还是明天您过来看看？"

情景06　再度邀约彰显诚意

情 景模拟

房产销售人员小王与客户陈先生约定了下午1点面谈，但客户没有按约定时间来现场。第二天，小王主动联系了陈先生。

房产销售人员："陈先生，您好，打扰您了。我是××公司的置业顾问小王，昨天下午我一直在等您，您没来呀。"

客户："这……"

房产销售人员："没关系，我想您肯定是有重要的事情耽误了，您能抽出时间也不容易。"

客户："是啊，挺忙的。"

房产销售人员："也怪我之前没有跟您说清楚，昨天是我们100套精品房源开盘，无论是户型还是室内格局，都是这一带最好的，因此，接连来了两个看房团，一天就卖掉了21套。我相信您如果来，一定也能找到让自己心动的好房子的。您看是今天下午还是明天上午您能来？"

客户："下午吧。"

房产销售人员："那好，今天下午我在售楼处专程等候您，您可一定要来看看啊。"

情 景分析

客户失约并不代表客户对楼盘完全不感兴趣；相反，这正好为房产销售人员制造了再度邀约、表达诚意的机会。第二次打电话邀约时，房产销售人员既要给客户施加一点失约的心理压力，又必须设法化解客户的难堪，既要显示出"专程等候"的诚意，又要给客户制造房源紧俏、销售火爆的印象。房产销售人员还要为再度邀约创造一个机会与理由，让客户不好意思再次失约。

错误提醒

错误提醒 1：兴师问罪，咄咄逼人。

房产销售人员："陈先生，上次我们说好了昨天下午 1 点您来看房的，您怎么爽约了啊？"

客户："我有事耽误了。"

房产销售人员："那您也应该告诉我一声啊，害我等了一下午。"

错误提醒 2：客户失约，房产销售人员就断定客户没兴趣，认为再打电话邀请也是白费功夫，结果错失销售机会。

技巧运用

方法技巧 1：不放弃任何销售机会

一名优秀的销售人员一定不会放弃任何销售机会。房产销售人员也是如此，客户的一次失约并不代表没有销售机会了；相反，正因为客户失约，他们心理上会感到歉意和不安。所以，当房产销售人员再度邀约时，客户拒绝或者失约的可能性会大大降低，而销售机会却更大了。即使两度邀约客户均未到现场，房产销售人员仍可以与客户保持联络，及时告知信息，提出好的建议。只要客户还没有购房，房产销售人员就还有机会。

方法技巧 2：如何实现再度邀约

1. 再次强调楼盘卖点

再次强调楼盘的卖点与特色，让客户觉得现场看房有必要、有价值，举例如下。

"陈先生，我们这个楼盘的价格在这一带是最合理的，现在又有这么多优惠政策，即使您不想在近期买房，多了解一下、比较一下也是好的。"

2. 强调楼盘热销状况

以明确的销售数据和事例渲染楼盘热销的情况，让客户产生现场考察的冲动，举例如下。

"陈先生，还好您昨天没有过来，下午来了两个看房团，一共 40 多人，我们忙得团团转，一下午就卖掉了 9 套房。现在 3 室 2 厅的户型就剩下 5 套了。"

"昨天下午有位先生和您一样，就看好 3 室 2 厅的户型，一下买了两套，说是一套自己住，另一套用来投资，现在3室2厅的户型我们只剩下5套了。"

3. 告知最新促销优惠

向客户传达最新的促销政策，并强调促销的时间段，吸引客户的注意力，举例如下。

"陈先生，您关注的3室2厅的样板房我们今天开始公示了，您是今天下午还是明天上午过来看看呢？"

"我们这次开盘不到3天就已经销售过半，因此这两天公司决定将房价做一定的上调。您虽然没有来过现场，但我把您当老客户，我希望您今天或者明天上午能过来看看，要是有满意的户型，我帮您申请一下，价格比后来的客户可以优惠些。"

情景07 结束通话把握细节

情 景模拟

房产销售人员："陈先生，我再跟您确认一下，您比较看好的是110～140平方米、3室2厅的户型，最好是中低楼层，对吗？"（确认需求信息）

客户："没错。"

房产销售人员："好的，我会留意这类户型，明天给您好好介绍。您来我们这边是坐公交车还是自驾车呢？"

客户："我开车过去。"

房产销售人员："那您可以沿着××路行驶，在××路口转弯，您会看见我们售楼处红色的大广告牌，到了之后，您打我的电话1350×××××××，我会专程等您，好吗？"（告知交通线路）

客户："行，我知道了。明天见。"

房产销售人员："好的，陈先生，谢谢您的来电，再见。"

结束通话后，房产销售人员在"来电登记表"上详细记录了客户陈先生的联系方式、需求信息，以及约定的面谈时间，并在自己的工作计划中做了相应的安排。

情 景分析

电话洽谈结束并不是指简单地挂断电话，而是一个讲究细节的过程。房产销售人员首先要向客户简要地确认电话中了解到的个人信息与需求状况，并将来现场的交通线路清楚地告知客户，最好能将交通线路编辑成短信发送给对方，以防客户因为找不到售楼处而转向附近其他楼盘，或者放弃到现场考察。房产销售人员可以告知客户自己的姓名和联系方式，这样有利于客户及时、方便地找到自己。通话结束后，及时、准确地填写"来电登记表"并做好相应的工作安排。

错误提醒

错误提醒1：邀约成功，万事大吉，未告知具体的交通线路。

客户："我明天下午3点去看看楼盘。"

房产销售人员："好的，那我们明天下午3点见，我会在售楼处专程等候您。"

错误提醒2：在客户之前挂断电话是一种不礼貌的行为。

错误提醒3：房产销售人员将客户信息与面谈时间随手记在废纸上，或者不做记录，不做安排。这样做很可能会使房产销售人员忘记约定，导致客户到访却无人接待；也可能会使房产销售人员忘记客户信息，导致面谈时不得不重新挖掘，造成客户的不满。

技 巧运用

电话接听六步曲

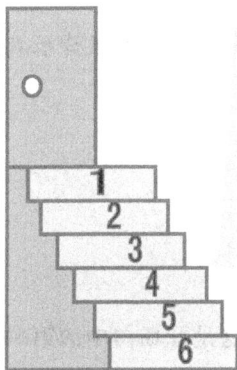

问好与自报家门——向客户问好，清晰报出自己的姓名与公司的名称

解疑答惑——快速、简洁、有分寸地解答或解决客户的问题

挖掘客户信息——挖掘客户的个人信息与需求信息

介绍卖点——根据客户的需求，简要介绍楼盘的独特卖点

邀约面谈——邀请客户现场面谈，并确定具体的见面时间与交通线路

通话记录——认真记录通话内容，并做好相应的工作安排

情景08　探寻需求型

情景模拟

房产销售人员："先生/女士，您好，我们是××楼盘的销售人员，请问您近期有买房的计划吗？"（自报家门，消除接听者的顾虑和戒备）

客户："有啊，你们的楼盘在哪里？"

房产销售人员："在××地区，这里交通居住和医疗环境都不错，您有意向吗？"（对自己销售的产品做一个简明扼要的说明）

客户："可以考虑啊！"

房产销售人员："请问您需要考虑多大面积呢？"

客户："80~100平方米的都可以。"

房产销售人员："请问您是本地户口吗？"

客户："我是本地的。"

房产销售人员："请问您购房的预算大概是多少？我帮您推荐合适的户型。"

客户："预计在50万~80万元之间。"

房产销售人员："那您可以考虑一下98平方米的户型，南北通透，请问您什么时候有时间可以来我们楼盘看看？"

客户："预计本周末或者下周吧！"

房产销售人员："好的，请问您贵姓？"

客户："我姓王。"

房产销售人员："好的，王先生，我们楼盘在××路，您过来的时候请跟我联系，谢谢您！"

客户："好的！"

情景分析

1. 自我介绍非常重要

一定要在开场白中热情、友善地问候并做自我介绍，这是开场白中的第一个因素。

2. 相关产品的介绍需简洁且突出重点

如果碰到有意向的客户要对自己销售的产品做简明扼要的说明，这样做有利于建立与客户的联系。第二个电话就不能直入主题了，如果开门见山直接进入话题就显得很唐突，也不利于建立融洽的关系。所以最好先关心一下客户。

😟 错误提醒

错误提醒：没抓住客户的深层需求

房产销售人员："您觉得怎么样，喜欢哪个户型？"

客户："都差不多吧，没什么特别的感觉。"

房产销售人员："那我帮您算算价钱吧。单价是……您觉得怎么样呢？"

客户："单价比旁边小区贵了不少。我再考虑考虑。"

房产销售人员："我们的房子肯定物有所值，我们车位也打折的。"（没抓住客户的深层需求）

客户："暂时不需要车位。我再看看。"

技巧运用

方法技巧1：找准需求，对症下药

满足于发现顾客的浅层需求是导致失败的原因之一。如果不能找准需求，置业顾问没少做工作，该说的都说了，但客户对项目仍然没留下什么深刻的印象，看样子也很难成交。

方法技巧2：拒绝直率，合理放价

不管是一手楼销售，还是二手房销售，在与顾客谈判时，放价是一门艺术，需要掌握火候，在恰当的时候对恰当的人放价才会起到作用。

要掌握售楼过程中的放价技巧，首先要明白放价的目的是什么。一般来讲，在不能成交的情况下进行放价，一方面不会产生任何结果，另一方面还泄露了自己的底价。放价的原则是只在有可能成交的情况下才放价。

情景 09 产品介绍型

情景模拟

房产销售人员："您好，请问您是××先生吗？我是××楼盘的置业顾问小刘，您有印象吧？"（迅速对公司及自我进行介绍，引起客户的兴趣）

客户："有点印象。"

房产销售人员："您还考虑买房吗？我们这里有一个户型非常适合您！"

客户："什么样的户型？"

房产销售人员："3室2厅，102平方米，南北通透带飘窗，您有兴趣的话，可以来售楼部，我给您详细介绍一下！"

客户："我今天比较忙。"

房产销售人员："那明天好吗？"

客户："我最近都比较忙啊！"

房产销售人员："工作忙说明您事业有成，一般只有像您这样的成功人士才有能力购买我们的楼盘，而且买房也是一种投资，这几年楼市行情不错，房价大涨，我们的楼盘十有八九会升值的，您真不过来看一眼吗？"（抓住客户的心理，介绍楼盘的升值特点）

客户："有道理，那我就明天过去吧！"

房产销售人员："好的，××先生，您大概几点过来呢？"

客户："下午3点。"

房产销售人员："好的，××先生，我在售楼部等您！"

情景分析

1. 必须在30秒内向客户进行自我介绍，引起客户的兴趣，让其愿意继续谈下去。销售员应该在30秒内清楚地让客户知道下列三件事：

（1）我是谁，我代表哪家公司；

（2）我打电话给客户的目的是什么；

（3）我公司的产品对客户来说有什么价值。

开场白最好用简短、精练的语句表达自己的意图，客户关心的是你能够给其带来什么，没有作用的电话对任何人来说，都是浪费时间。

2. 给潜在客户打电话的目的是通过电话交流让对方更加了解你的产品，从而有机会将产品迅速卖出。产品介绍要抓住重点，突出特色，这样才能吸引客户。

😟错误提醒

错误提醒 1：介绍产品时，答非所问。

房产销售人员："在这里生活很方便，除了小区附近配备的大型果蔬市场，临近小区 10 分钟路程的中央商务区将引进类似于沃尔玛、优玛特在内的大型超市，以及深受广大女士喜爱的购物广场。"

客户："附近有对口的小学吗？"

房产销售人员："有啊，附近有很多幼儿园，例如××幼儿园。"

客户："我问的是对口的小学。"

房产销售人员："不好意思，我之前没有听清，学校规划每年都有变动，今年不知如何规划！"

客户："好吧"

错误提醒 2：介绍产品时，时间过长。

客户："请问一下这个楼盘的地点在哪里？"

房产销售人员："××市××街××路。"

客户："楼盘附近有商业区吗？"

房产销售人员："有的，旁边就是××商场、××购物公园，购物非常方便。"

客户："有学校吗？"

房产销售人员："有的，我们这边不仅有××幼儿园，还有××幼儿园，等等。"

客户："医院呢？"

房产销售人员："医院也有很多，比如×××三甲医院、×××儿童医院，等等。"

……

（时间已超过 10 分钟，客户问了超过 10 个问题，销售人员都一一解答）

技巧运用

方法技巧 1：介绍产品，仔细聆听

房产销售人员在介绍产品时要关注客户的问题及要求，并对客户的问题做出合理的解答，避免答非所问，引起顾客的不满和猜测，否则会因自己显得不专业而失去客户的信任。

方法技巧2：介绍产品，把控时间

房产销售人员在给客户打电话介绍产品时，应该避免"知无不言，言无不尽"的情况，对待客户的问题，应该合理地把握时间并做出解答，太长时间的沟通会让客户丧失对楼盘的兴趣。正确的做法是将客户邀约到现场看房，强调买房要多看、多比较，这样才能做出正确的决定。

情景 10　优惠促销型

情 景模拟

房产销售人员："王先生，我是上次跟您联系过的××楼盘的小刘，您还有印象吗？"

客户："有啊！"

房产销售人员："我上次邀您过来，您说下午1点过来，我等到5点您都没有过来呀！"

客户："我那天临时有事，不好意思。"

房产销售人员："那您最近有时间吗？王先生，现在正是开盘的前期，也就是内部开盘期，付款方式和价格都很优惠，同样的房子在不同的时间，价格差别还是很大的，您不过来看看吗？"（促使对方产生看房的冲动）

客户："优惠多少呀？"

房产销售人员："这个得等您到现场看过之后我再向您详细地解答！我们最近得到通知，由于楼盘销售过半，公司决定将价格上调，虽然您还未来过现场，不过我把您当成老客户，我希望在此之前您先来一次，如果您满意，价格也会比以后实惠！"（通过优惠促销活动吸引客户）

客户："好，那我明天下午3点过去！"

房产销售人员："好的，王先生，我在售楼部等您"。

客户："好！"

情景分析

房产销售人员可以根据公司近阶段正在进行的促销推广策略或即将推出的某些举措来吸引客户，让其产生前来看房的冲动，同时也不给客户太多拒绝的理由。这样做充分体现了销售置业人员对客户以诚相待，急客户所急，为客户利益着想的工作宗旨，可以使客户产生购买的欲望，最后有利于达成交易。

错误提醒

错误提醒1：说法不一，折扣不同

房产销售人员："×先生，您好，我是××楼盘的销售顾问，我们最近有一个比较重大的促销活动，请问您有兴趣吗？"

客户："什么活动？"

房产销售人员："'金九银十'马上就要到了，因为黄金周的缘故，买房的人还是比较多的，本次优惠力度比较大，估计九折优惠，您看您什么时候有时间来我们楼盘详细了解一下？"

客户："才九折？上次有个销售顾问跟我说八八折，你们优惠力度怎么不一样啊！"

房产销售人员："……"

错误提醒2：过度强调优惠促销，没抓住客户的心理

房产销售人员："×先生，您好，我是××楼盘的销售顾问，我们最近有一个促销力度很大的活动，请问您有兴趣吗？"

客户："什么活动？"

房产销售人员："买房送装修的活动，每平方米20 000元以上的房子我们赠送价值2 000元的装修大礼包，心动不如行动，您不过来看看吗？"

客户："这个我需要去问一下，你们楼盘交通出行方便吗？"

房产销售人员："公交和自驾都特别方便，而且我们还有装修大礼包赠送，包括墙纸、窗帘……"

客户："……"

技巧运用

方法技巧1：统一对外的优惠信息

优惠折扣是指在限定的时间范围内，配合整体的促销活动计划，通过赠送、折扣等方式对客户的购买行为进行直接刺激的一种方法。因此在进行优惠促销时，公司必须合理宣传，对外的说法必须一致，这样方能树立起公司的统一形象，取得客户的信任，促成最后的交易。

方法技巧2：优惠活动要做得好，满足客户的实际需要

利用优惠活动可以活跃销售气氛，但更多的时候这是抛开价格体系的直接让利行为。优惠活动要做得好，首先要让客户确实感受到公司是在让利，而不是一种花哨的促销噱头。其次，优惠活动应该满足客户的实际需要这样才有利于促进销售。最后，与其他竞争者的优惠活动要有所区别，独特的优惠活动反映了开发商的创意水平。

第3节　新媒体

情景11　微信小程序咨询与回答

情景模拟

（客户发送楼盘链接之后）

智能客服："您好（微笑表情），我是××楼盘的智能客服小微，请问有什么可以帮到您?"（自动回复）

客户："我想咨询一下××楼盘的价格!"

（正在为您转接人工客服，请稍后。人工客服销售××已上线）

房产销售人员："您好，我是××楼盘售楼部置业顾问，请问有什么可以帮到您?"

客户："我想咨询一下你们楼盘的价格!"

房产销售人员："请问您需要多大面积?"

客户："80平方米左右!"

房产销售人员："您好，我们这里最小的户型是80平方米，还有102平方米、108平方米、129平方米和143平方米4种户型。"

客户："80平方米的每平方米多少钱?"

房产销售人员："具体的价格要等到房管局的备案价下来，我们上一期的均价是 15 000 元！"（不盲目承诺价格，只说等消息）

客户："送装修吗？"

房产销售人员："这个还不清楚，预计送装修的可能性非常大，我还有个好消息告诉您，装修部分是可以按揭的！"

客户："听起来还不错！"

房产销售人员："我可以加您微信吗？这样我就可以将最新的楼盘和优惠信息推送给您！"（获取微信联系方式，以便跟进联系和服务客户）

客户："好的，我的微信是×××。"

房产销售人员："好的，我给您发送了好友申请，麻烦您通过一下！"

情景分析

微信小程序，简称小程序，是一种不需要下载安装即可使用的应用，它实现了应用"触手可及"的梦想，用户扫一扫或搜一下即可打开应用。它也被众多房地产中介公司广泛使用，并为客户与销售人员之间的交流提供了一个便捷的平台。

当客户在微信小程序上主动咨询楼盘信息时，房产销售人员应该在自动回复后 10 秒左右进行回复，间隔时间不宜过长也不宜过短。在处理客户的咨询时，房产销售人员对自己不清楚的事情不要轻易下结论。此外，房产销售人员还要善于抓住机会，突出卖点和优势。在客户感兴趣的时候，抓住时机获取客户的联系方式，以便日后的跟进和服务，进而促进合同的签订。

错误提醒

错误提醒 1：回复不及时

（客户在发送楼盘链接之后）

客户："你好，我想咨询一下××楼盘的户型情况。"

智能客服："您好（微笑表情），我是××楼盘的智能客服小微，请问有什么可以帮到您？"（自动回复）

客户："你好，我想咨询一下××楼盘这一期的户型是什么样的！"

智能客服："（人工坐席忙，请您耐心等待！）"

客户："人呢？"

智能客服："（人工坐席忙，请您耐心等待！）"

错误提醒 2：不加微信，放弃客户

客户："你好，请问是××楼盘售楼部吗？我想咨询一下××楼盘的开盘时间！"

房产销售人员："您好，我们的开盘时间还没有确定，有消息了我会第一时间通知您！请问您贵姓？"

客户："免贵姓王"

房产销售人员："王先生您好，请问您的意向户型是多大的？"

客户："预计100平方米左右。"

房产销售人员："好的，正好我们有个户型是102平方米，3室1厅，居住舒适度非常高，到开盘时间确定了我第一时间通知您！"

客户："好的！"

（房产销售人员主动关闭了对话框）

技巧运用

方法技巧 1：第一时间回复客户

不是每个客户都有很多时间去和你交谈，所以尽量做到及时回复才能让客户感觉到你的热情。当客户向你咨询问题时，如果回复时间间隔太长，顾客会觉得其没有受到重视。在这种情况下，房产销售人员可以设置快速回复的短语，例如，您好！请问有什么可以帮助您。这样就可以以最快的速度回复顾客了。

方法技巧 2：留下微信，长久联系

房产销售人员不要草率地关闭对话框，更不要忘记将客户添加为好友，任何一个前来咨询的客户都是楼盘的潜在客户。留下潜在客户的微信或其他联系方式，然后保持长久联系，发送楼盘的最新消息，对日后的成交是非常有帮助的。此外，在购买过程中出现双方交流有歧义的情况，查看聊天记录也会有很大的帮助。

情景 12　在线客服问询与回答

情景模拟

（客户登录××官网，点击××在线客服）

在线客服："您好，有什么可以帮到您的呢？可以告诉小万您关注的城市和项

目名称吗？（第一时间主动问客户关注的楼盘信息）

客户："××××××。"

在线客服："您好，请问您之前有没有去过售楼处，有没有认识的置业顾问呢？"

客户："没有"

在线客服："您好！为确保您能了解到项目的最新动态，建议您留下电话号码，我们将安排您的专属置业顾问详细为您介绍，您看可以吗？"（安排专属置业顾问详细介绍，使客户感觉自己被重视）

客户："可以，我的电话是 1350×××××××"

在线客服："感谢您的配合，马上为您安排，有需要您也可以拨打×××××××× 咨询哦。"

客户："好的"

在线客服："（玫瑰花表情）"

客户："什么时候联系我呢"

在线客服："如果售楼部不忙的话大概半小时到 1 小时左右，请您耐心等待。"

情景分析

1. 在线客服也称网上前台，是一种以网站为媒介，向互联网访客与网站内部员工提供即时沟通的页面通信技术。在线客服是网络营销的基础。在线回复及时并且主动询问客户的做法，能够让客户感觉到房产公司的服务态度和服务效率，更能表现在线客服的亲和力和热情，树立起房产公司的形象。

2. 同样，人工客服为了帮助客户了解楼盘的最新动态，要求留下客户的联系方式并为客户推荐专属的置业顾问，提供一对一服务，既能够留住客户，也可以让客户从内心感觉受到了重视，加深了客户对房产公司的好感，为日后客户购买该公司的产品做了很好的铺垫。

错误提醒

错误提醒 1：过分贬低竞争对手

在线顾问："王先生，我们楼盘地理位置相当优越，位于市中心，无论是购物还是交通都十分方便。不像××楼盘，距离地铁远不说，走到购物中心还得好久呢！"

（拿别人的缺点对比自己的优点）

客户："虽然××楼盘距离地铁和购物中心远，但是离医院和学校都比较近啊！"

在线顾问："不近呀，差不多三四公里呢！"

客户："不对，我之前走路过来的，还不到 1 公里！"

错误提醒 2：没耐心，催看房

客户："你好，我想咨询一下你们公司××楼盘的交房日期。"

在线顾问："哪一期的几栋楼？"

客户："最新一期的 3 号楼"

在线顾问："这个我不清楚。"

客户："麻烦您去问一下吧。"

在线顾问："你过来看不就知道了吗？"

（对待客户的问题没有耐心解答）

技巧运用

方法技巧 1：评价对手要适度

在线顾问在面对客户的咨询时，应该真诚地回答客户的问题。在进行楼盘介绍时，尽量多说楼盘的优点，在描述自己楼盘优势的时候，也不能过分贬低其他楼盘，尤其是不能脱离实际情况贬低对手，否则会使客户丧失对顾问的信任，引起客户的不满。

方法技巧 2：有耐心，善倾听

客户在买房前都希望获得全面的信息，然后再决定是否购买。所以，客户询问很多问题也是必然的，这时候顾问一定要有耐心，不能过于情绪化，最终的决定权虽然在客户手上，但是可以扭转局面的还是顾问的态度以及详细的介绍。

Chapter 2

第2章

迎客户：怎么判断，怎么攀谈

良好的开端是成功的一半。成功的销售往往起始于一次成功的销售接待。在第一次接触客户时，房产销售人员如果能给客户留下良好的第一印象，双方建立了初步的信任关系，那么这些对后期的销售沟通和销售达成都将产生积极的作用。

第 1 节　意向不明型客户

情景 13　客户在销售中心外犹豫徘徊

情 景模拟

销售中心门外，一位客户看了几眼门外的售楼广告，既不推门进来，也没有离开的意思，在门外徘徊着。房产销售人员注意到后，稳步走上前，微笑着为这位客户拉开了销售中心的大门……

应对 1：轻松闲话法

房产销售人员："先生，今天太阳很毒，屋内有空调，进来休息一会儿吧!"

应对 2：利益吸引法

房产销售人员："先生，我们有几个户型推出了限量优惠活动，有没有兴趣了解一下?"

情 景分析

房产销售人员不应放弃任何销售机会。在销售中心外徘徊不定的客户很有可能就是一位有购房需求的客户。"山不过来我过去"，与其等待客户下决心推门而入，或者猜测客户为什么犹豫，不如主动出击，将客户请进销售中心。接待这类客户时，房产销售人员不可过分热情，应该亲切而自然地与客户打招呼，尽量为客户营造轻松舒适的购房环境与氛围。

错误提醒

错误提醒 1：客户一进门，房产销售人员就要求客户登记信息，增加了客户的戒备心理。

房产销售人员："先生，外头热，进来看吧!"

客户："你们这个广告上的户型现在还有吗？"

房产销售人员："还有呢。先生，您先登记一下吧！"

客户："不用了！"

错误提醒2：房产销售人员表现得过分热情，让客户难以适应和接受。

房产销售人员："先生，您好，进来坐坐吧，先喝口水，您想看什么户型？我给您好好介绍介绍……"

客户："不了不了，我还有急事。"

错误提醒3：房产销售人员不够主动，客户进门就接待，客户不进门也无所谓，这样的心态和工作态度是不可能取得好业绩的。

技巧运用

方法技巧1：**客户类型分析**

迎接客户时，房产销售人员应根据客户的行为表现来判断其是否有购买意向、购房需求（具体内容见下表），进而采取相应的接待措施。

客户类型	需求特征	行为表现
目的明确型客户	有意购买，并有清晰、具体的目标	注意力非常集中，深入了解某种户型或者具体的某套房，详细询问价格、付款方式、容积率、绿化率、物业管理费用、配套设施等问题，要求参观样板间，主动留电话，要求及时获得促销与优惠信息
对比考察型客户	已经锁定了某些楼盘或户型，正进行深入的考察与对比	
目的半明确型客户	有意购买，但没有预订目标，或者目标不具体、不明确	对楼盘各类指标与特色询问比较仔细，总体上有较明确的方向和目标，例如，询问某类户型的价格，或者某一面积的户型
闲逛型客户	近期没有购房打算，前来了解情况，增长知识，为今后买房作准备	东张西望，神态轻松，对各类户型都比较感兴趣，了解的信息范围广却不深入
同行	业内的竞争同行，前来踩盘学习，甚至是撬盘抢客户	很注意收集资料，拍照，对不同规格甚至差别很大的户型都一一了解，提问题比较专业

方法技巧 2：房产销售人员的礼仪

房产销售人员是公司和楼盘的第一形象代言人，保持良好的形象与职业素养不仅能给客户留下好印象，对房产销售也会产生积极的作用。以下这些礼仪是房产销售人员应学习和遵守的。

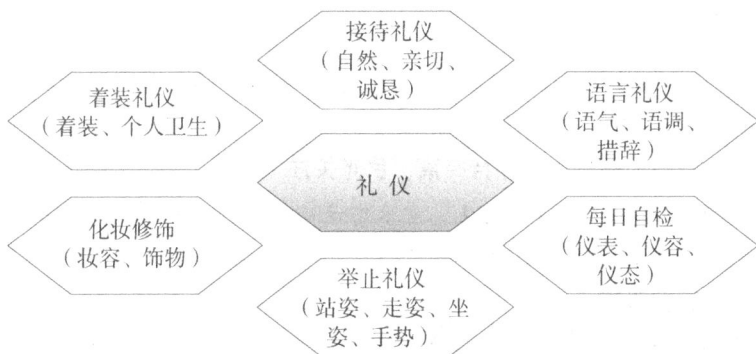

接待礼仪（自然、亲切、诚恳）

着装礼仪（着装、个人卫生）

语言礼仪（语气、语调、措辞）

礼　仪

化妆修饰（妆容、饰物）

每日自检（仪表、仪容、仪态）

举止礼仪（站姿、走姿、坐姿、手势）

方法技巧 3：客户喜欢什么样的房产销售人员

从客户角度出发，考虑客户喜欢与什么样的房产销售人员打交道，如下图所示。房产销售人员可以对照一下，看看自己哪些方面做得不错，哪些方面还需要改善。总之，要想提高销售业绩，房产销售人员就要从各方面塑造自己，成为客户喜欢的"十全型"房产销售人员。

客户喜欢的"十全型"房产销售人员

- 仪表整洁大方
- 热情、友好、乐于助人
- 有礼貌、有耐心
- 能提供快捷的服务
- 耐心倾听客户的意见和要求
- 准确介绍房型的优点和特色
- 能提出建设性的意见和建议
- 关心客户利益、竭尽全力为客户服务
- 能记住客户的喜好和偏好
- 能帮客户选择合适的楼盘并做出正确决定

情景 14　客户对房产销售人员爱理不理

情景模拟

客户大步走进销售中心，对接待人员的问候不理不睬，有意避开房产销售人员，径直走向沙盘模型，认真地看着……

应对 1：自助式服务——保持距离，目光关注

房产销售人员：（微笑）"先生，看来您是内行，我不打扰您看沙盘，这是我的名片，您有什么问题可以随时找我。"

应对 2：利益吸引

房产销售人员："先生，我们楼盘刚刚推出了几套优惠房，每套房子可以省 3 万元，不知道您有没有兴趣了解一下？"

情景分析

客户建立起了心理防线，排斥房产销售人员的接待，这说明客户还没有与房产销售人员建立初步的好感与信任。客户可能缺乏对楼盘的认识与了解，或者担心被房产销售人员忽悠，因此会有比较强烈的不安和戒备心理。"欲速则不达"，这种情况下，如果房产销售人员不能理解和体谅客户的情绪，不管不顾地紧跟客户，不断地进行推销，客户就有可能选择躲避。房产销售人员不妨给客户一定的时间和空间，待客户的抗拒情绪缓和后再主动接近。

错误提醒

错误提醒 1： 房产销售人员不顾客户的排斥情绪，紧跟客户，滔滔不绝地介绍楼盘，这很可能赶跑客户。

房产销售人员："先生，您看的这个楼盘是上个星期推出来的，现在只剩下 10 多套房子了，您要看什么户型的，我来介绍介绍吧！"

客户：（不耐烦）"我自己看。"

错误提醒 2： 房产销售人员在内心与客户斗气，心想："你不搭理我，那我也不搭理你。"一般来说，客户的排斥情绪只是出于本能的自我保护，并不是有意针对销售人员的。

技 巧运用

方法技巧 1：客户的四种性格

不同的人有不同的性格。客户的每一个动作，每一种神情，每一句话，都会暴露出他们的性格。了解了客户的性格，房产销售人员就可以采取有针对性的销售策略促成交易。我们可以将客户的性格分为四类，《西游记》中的四位主人公恰恰对应了这四种不同性格，具体内容如下表所示。

性格类型	性格特点	适合人群	沟通方法
分析型性格——唐僧	严谨保守，注重细节，深思熟虑，考虑事情非常全面，不会轻易被人说服，对数据和分析过程比较敏感	会计、律师、工程师、医生以及其他具有较强的技术能力的人群	介绍时要注意逻辑，尽量详细，多以数据、图表、资料、可信的事例进行举证；适当提出问题，但不宜过多，不宜催促客户做决定
领导型性格——孙悟空	冷静稳健，控制欲强，注重结果，不看重细节，时间观念强，目的性强，不喜欢聆听，缺乏耐性，说话行动都很干脆，比较固执己见	企业家、政府官员、企业高管以及其他一些职务较高的人群	沟通时要尽快切入主题，清晰简洁，重点介绍楼盘的特点与优势，少谈私人话题或者相关性不大的问题，语速适当快一点，动作要利落
活泼型性格——猪八戒	性格外向，爱表现，开朗直率，喜欢谈论自己及自己感兴趣的话题，比较情绪化	销售、公关人员、演艺人士、创意人员等	尽量让客户多说话，多加赞美，适当运用幽默语言，为客户描述生动的、形象的使用场景，让客户充分参与到谈话中
和平型性格——沙僧	性格温和，比较安静，行事缓慢，小心谨慎，在意别人的看法，易受他人影响	人力资源、服务业人员、教师、公务员、护理人员等	多赞美，以亲切、诚恳的态度接近客户，与客户保持较近距离，与客户同行的亲人、朋友也要保持好的关系，不宜频繁催促其作决定

方法技巧2：热情有度

房产销售人员接待客户时应该热情，但同时也要给客户一定的时间和空间来适应环境，做到热情有度。

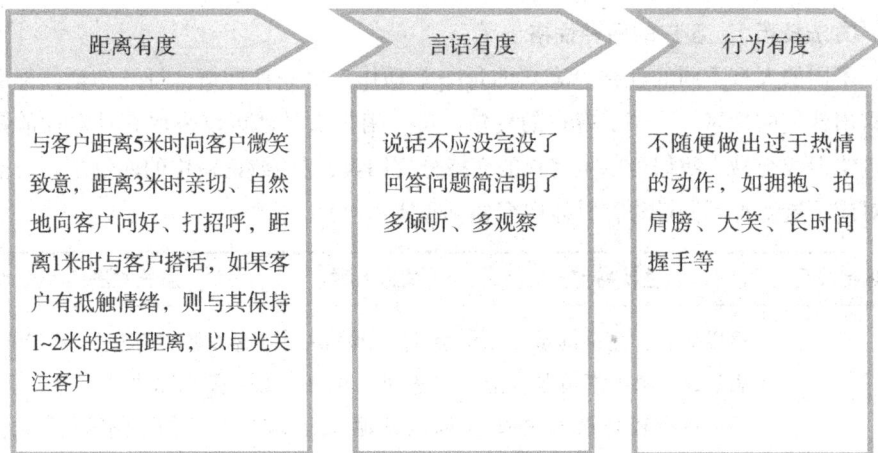

距离有度	言语有度	行为有度
与客户距离5米时向客户微笑致意，距离3米时亲切、自然地向客户问好、打招呼，距离1米时与客户搭话，如果客户有抵触情绪，则与其保持1~2米的适当距离，以目光关注客户	说话不应没完没了回答问题简洁明了多倾听、多观察	不随便做出过于热情的动作，如拥抱、拍肩膀、大笑、长时间握手等

方法技巧3：微笑是建立好感的最佳方式

客户进入销售中心时，可能对房产销售人员的热情招呼或专业介绍存在戒备和抵触心理，但是，却抵挡不住微笑的力量。微笑能够化解客户的负面情绪，拉近双方的距离。不管遇到什么类型的客户，不管碰到什么样的销售困境，通过真诚的微笑，都能取得意想不到的效果。

情景15　客户说"我就是随便看看"

情 景模拟

房产销售人员："先生，早上好，欢迎光临××花园，我姓王，您想看看什么样的户型呢？"

客户："我就是随便看看。"

应对1：寒暄

房产销售人员："咦，听您这口音是陕西人吧？"

客户："对啊，陕北的。"

房产销售人员："巧了，我老家是关中的。出来五六年了，可想家了。"

客户："是吗？我也有好几年没回老家了，你是关中哪里的啊？"

应对 2：直入主题

房产销售人员："先生，我们这周推出了几个非常不错的单元，户型和价位都很有优势，您看，（指着沙盘模型）就在这个区域……"

客户："有两房的吗？"

房产销售人员："有的，您看，两房的在这几层……"

情 景分析

房产销售人员热情相待，客户却拒之千里，这种状况是比较常见的。这时候，如果房产销售人员丢下客户肯定不太合适，继续跟进又可能给客户造成更大的压力，这时不妨尝试与客户聊一些题外话，通过寒暄来打开话题，拉近双方的距离；另一种方法是直入主题，先以特价房来试探对方，客户未必会对这些户型感兴趣，但是话题打开了，房产销售人员就有机会推荐客户偏爱的其他户型。不管是寒暄还是直入主题，房产销售人员都应该尽量保持微笑，让客户放下戒备，参与到谈话中来。

错误提醒

错误提醒 1：客户说"随便看看"，房产销售人员就判断对方可能没有购房的打算，于是潦草应付。

客户："我随便看看。"

房产销售人员："这是我的名片，您慢慢看，要是有中意的再找我。"（转身迎向下一个客户）

错误提醒 2：房产销售人员过于强势，推销意图太明显。

客户："我随便看看。"

房产销售人员："哦，是这样，我们这个楼盘就剩下几套房了，您要是真心想买，还真得快一点。我给您介绍介绍吧。"

技巧运用

寒暄

寒暄也就是拉家常，这是房产销售人员常用的一种与客户拉近距离的方法，尤其是遇到对热情推销比较有戒心的客户时，通过寒暄往往能打开客户的话匣子。

寒暄是否恰当，关键在于话题的选择是否合适，凡是能引起对方兴趣的话题都可以作为寒暄的话题，常见的有以下话题。

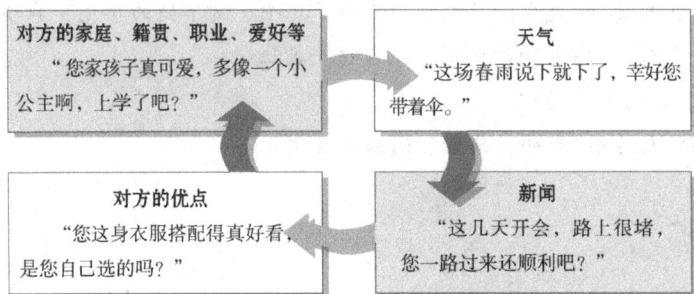

> **对方的家庭、籍贯、职业、爱好等**
> "您家孩子真可爱，多像一个小公主啊，上学了吧？"

> **天气**
> "这场春雨说下就下了，幸好您带着伞。"

> **对方的优点**
> "您这身衣服搭配得真好看，是您自己选的吗？"

> **新闻**
> "这几天开会，路上很堵，您一路过来还顺利吧？"

情景 16　客户看了一圈转身打算离开

情景模拟

客户走进销售中心，走马观花式地看了一圈，随手取了两份户型介绍，转身就打算离开……

应对1：主动求教

房产销售人员：（微笑）"先生，能请教您一个问题吗？"

客户："什么事？"

房产销售人员："很多客户到了我们售楼处都会了解一下户型、价位之类的问题，您刚来就走，是不是我们有什么地方做得不到位啊？"

客户："这倒不是，我想看看小户型，可是你们这儿好像只有大户型啊。"

房产销售人员："原来是这样。小户型确实不多了，我们将模型摆放在那个角落，您可能没有留意到，我带您过去看看吧……"

应对2：制造悬念

房产销售人员："先生，我敢说，我们最好的一个户型您还没有看到呢。"

客户："是吗？哪个？"

房产销售人员："您先告诉我，您想看的是几居室的呢？"

客户："两居室。"

房产销售人员："我们有几套两室，坐北朝南，透过两面的阳台都能看到园林假山，非常别致，咱们先看看模型如何？"

情景分析

客户走进销售中心，即便不是有意买房，也肯定是想对楼盘多些了解。只有把客户留在售楼处，房产销售人员才有促成销售的可能与机会。那么如何引起客户的注意，把客户留下来呢？（1）可以采取主动请教的方法，询问客户对服务是否有意见，面对房产销售人员的坦诚，客户即使不说出真实的想法，也会对房产销售人员的提问做出回应，这样也就打开了话题；（2）制造一个悬念，首先应激起客户的兴趣，然后用有特色的户型来吸引客户，客户不一定会喜欢这种特色的房子，但只要双方有了沟通交流的基础，房产销售人员就可以详细了解客户的需求，从而推介合适的户型。总之，能以合理的方式把客户留下来，就绝对不要轻易让客户离开。

错误提醒

错误提醒 1："既然客户想走，那可能是不想买房，走就走了吧"。如果房产销售人员抱着这样的想法，便会失去很多潜在的客户与销售机会。

错误提醒 2：房产销售人员主动留客，但是语言太直白，可能给客户留下强买强卖的感觉。

房产销售人员："先生，既然来了就别这么着急走嘛。很多户型您都还没看呢。想看看什么户型，我给您介绍介绍。"

客户："不用了，不用了。"

技巧运用

如何吸引客户的兴趣

有些客户常常在与房产销售人员的沟通中有意或无意地表现出"不感兴趣""无所谓"的态度，以便掌握更多的主动权。那么，房产销售人员如何引起客户的注意，挑起客户的兴趣呢？

1. 让客户产生优越感——恰当地赞美，或者主动向客户请教，举例如下。

客户："我看了看，你们这楼盘很一般啊。"

房产销售人员："是吗？先生您肯定看过不少楼盘，经验丰富啊，您能跟我说说您的想法吗？您看一个楼盘最注重哪些方面呢？"

2. 为客户分忧——为客户解决实际问题，表达真诚的关心与关切，举例如下。

房产销售人员："您是感冒了吧？这几天天气变化很大，一不留神就感冒了。来，坐下喝杯热水会舒服一些，这里还有面巾纸，您自便。"

3. 谈客户感兴趣的话题——FROM 原则

☞ F——Family（家庭），与客户谈论家庭方面的话题，举例如下。

房产销售人员："您女儿真可爱，这小辫子是您编的吧，难怪人们说'妈妈手巧，女儿俊俏'，今年上几年级啦？"

☞ R——Recreation（娱乐爱好），谈论客户喜欢的活动。

房产销售人员："听您哼的这首歌，您也喜欢×××？我去年还听了他的演唱会呢。这首歌您哼起来很好听。"

☞ O——Occupation（工作职业），谈论客户的职业与工作。

房产销售人员："您是做哪一行的？我看您给沙盘拍照的姿势非常专业啊。"

客户："我是个业余摄影爱好者。"

房产销售人员："是吗？我大哥也很喜欢摄影，他平时出门可以不带钱包，不带手机，但一定会带着照相机，见到好素材就拍。您和他要是碰上了，肯定有话说。"

☞ M——Money（财富），与客户谈论财富、理财类的话题。

房产销售人员："您在投资公司工作啊，能做这样的工作真让人羡慕，最近有什么股票、基金可以推荐一下吗？"

房产销售人员："您孩子上幼儿园了吧？开销大吗？"

第2节　目标型客户

情景 17　客户仔细查看户型资料、模型

情 景模拟

客户手里拿着楼书，一边看，一边对照着沙盘模型。过了一会儿，客户抬起

头来，向两边看了看，等候在不远处的房产销售人员微笑着走近客户……

房产销售人员："先生，您好，您想了解哪些问题呢？"

客户："88平方米的两房还有吗？"

房产销售人员："这个户型的房子还有几套。咱们坐下来聊好吗？您请坐。"

房产销售人员："您喝杯茶吧。这是我的名片，您叫我小王就行。先生，怎么称呼您呢？"

应对1：适当寒暄，与客户先建立良好关系

房产销售人员："您是××杂志社的编辑啊？那我称呼您李老师，可以吗？我平时很喜欢看这个杂志，每一篇文章都很精彩，您在编辑时一定花费了不少心血吧？"

应对2：直入主题，挖掘需求

房产销售人员："您是××公司的区域经理呀，能在这样的大公司工作真让人羡慕。您今天主要想了解两房的户型，对吗？"

情景分析

客户对楼盘或某种户型有了明显的兴趣，并希望能得到专业的介绍时，这是房产销售人员接近客户的最佳时机。房产销售人员应该引导客户落座，以获得尽可能多的时间与客户接触、交流，在引领客户就座、与客户交换名片的过程中要注意礼节。如果客户性格温和，时间也宽裕，房产销售人员可以通过寒暄与客户先建立良好关系，并在谈话中了解客户的信息与需求；如果客户性格比较急躁，或者时间紧张，房产销售人员可以直入主题，挖掘出客户的需求。

错误提醒

错误提醒1：在初次接触时，房产销售人员要尽量避免使用"买""多少钱""价位"等带有明显交易色彩的词，以免给客户造成心理压力。

房产销售人员："先生，您想买两居室还是三居室呢？"

房产销售人员："先生，您想看什么价位的房子啊？"

错误提醒2：客户询问的户型如果已经售罄，房产销售人员不能直接以简单的"卖完了"回应客户，这样既不礼貌，也会丧失推荐其他房子的机会。

客户："88平方米的两居室还有吗？"

房产销售人员："没了，这个户型开盘第一天就卖完了。"

房产销售人员可以巧妙避开客户的提问，转向对客户需求的挖掘，以便从中发现适合客户的其他户型。

房产销售人员："先生，您就是想看看两室一厅的房子吗?"

技巧运用

方法技巧 1：接近客户的最佳时机

选择恰当的时机接近客户是非常关键的，过早接近可能会让客户紧张甚至厌烦，过晚接近又可能会让客户产生被怠慢、被忽视的感觉。那么，房产销售人员在什么时候接近客户比较合适呢?

客户的表现	客户的意图
客户手持楼盘广告	客户能被广告吸引而来，说明客户是有一定兴趣的
客户走进销售中心四处打量	客户在寻找意向中的户型，或者需要某方面的帮助
客户驻足，认真观看宣传片、查看楼盘有效证件，或其他相关资料	客户试图对公司、楼盘、户型等做深入了解，以确定开发商的资质和实力
客户仔细研究沙盘或模型	客户有备而来，可能已经有了具体的选择范围或目标
客户欲言又止	客户可能有疑问，或需要某些帮助
客户突然停下脚步，眼前一亮	客户可能发现了比较感兴趣的户型，或者看到了楼盘的某些特色

当然，并不是每一位进入销售中心的客户都会有这些反应，什么时候最适合接近客户没有统一标准。"心诚则灵"，即使客户不希望被打扰，只要房产销售人员能以真诚的微笑迎接客户，就不会给客户留下负面印象。

方法技巧 2：洽谈过程中的注意事项

与客户洽谈时，房产销售人员在注意措辞的同时，也要注意行为举止的礼节。

站立洽谈的姿势	(以男士为例) 挺胸收腹，双脚微分，身体可以微微前倾，以表现对客户讲话的关注
洽谈的距离	站着商谈的距离一般为一个半手臂长，坐着时保持一个手臂长，一定要避免说话时唾沫溅到客户身上
入座的方法	(以男士为例) 一般从椅子的左侧入座，尽量不要坐满椅面，上身不要靠在椅背上，身体要微微前倾；双腿不要向外敞开太宽，两膝间保持一个拳头的宽度；不要跷二郎腿；先为客户拉开椅子，待客户坐定后再落座
上茶的原则	为多个客户上茶时，通常顺序为：先老人，后小孩；先女士，后男士。茶水最好有一定温度，可以让客户慢慢等茶凉，争取更多的洽谈时间；水倒半杯即可，以免洒出烫伤客户
名片交换的礼仪	双手递送自己的名片，同时自报家门。客户回赠名片时也要双手接过，认真细看，最好读出客户的名字与职位，不要随便扫一眼就放进口袋中，更不要把玩客户的名片

情景18 客户开门见山直接询问价格

情 景模拟

客户在沙盘旁边看了一会儿，招手叫来一名房产销售人员，开门见山地问起了价格。

客户："你们这个2室1厅的户型多少钱每平方米啊?"

应对1：忽视法——跳过问题，转入需求挖掘

房产销售人员：(指着沙盘) "先生，您说的是这个单元的2室1厅户型吧? 楼层不同，朝向不同，价格也不相同。您大概需要多少平方米的呢?"

应对2：跳跃法——确认需求，转入户型推荐

房产销售人员："先生，您主要想了解的就是这种两居室户型，是吗?"

客户："对啊。"

房产销售人员："这种两居室户型的价格在3 000~5 000元之间，和附近其他楼盘的价格持平，但是，有几个硬件条件是其他楼盘所不具备的，您愿意了解一下吗?"

客户:"你说说看……"

应对3：拖延法——转换角度，探询客户想法

房产销售人员:"先生,这种户型的价格我先跟您卖个关子,您一看就是考察过很多楼盘的行家了,跟您请教一下,您觉得我们这个楼盘和其他楼盘相比,哪些地方比较好,哪些地方还有差距呢?"

客户:"我觉得你们楼盘比较好一点的地方是……"

情景分析

客户开门见山就问价格,有可能是出于习惯随口一问,也有可能是确实想知道价格,以判断自己是否能承受以及是否有深入了解的必要。在客户对房子的价值还没有深入了解的时候,房产销售人员的应对方法应该是先忽视价格,或者淡化价格,将话题重心转移到需求挖掘或者楼盘介绍上。需要注意的是,上文场景中的拖延法,一般来说不适于性格急躁或者时间紧促的客户。

错误提醒

客户问一句,房产销售人员就答一句,这种"挤牙膏"式的被动销售是不可取的。

客户:"这种户型多少钱每平方米?"

房产销售人员:"3 000元。"

客户:"一共多少平方米?"

房产销售人员:"88平方米。"

技巧运用

方法技巧1：转移话题应对"开门问价"

客户在购房时,惯常的思路是先问价,然后再决定要不要深入了解。对房产销售人员来说,最理想的流程是先将楼盘和户型的优势、特色一一阐明,然后再水到渠成地报出价格。要想让这些开门见山直接问价的客户跟着房产销售人员的思路走,销售人员就必须将话题转移,不到合适的时机不要报价,即使报价,也应该报一个模糊的区间价格。

方法技巧2：与客户保持同步

客户简单的一句话就能暴露出他们的性格：慢条斯理、一字一顿的客户很可能是唐僧式的分析型性格；目光犀利、不苟言笑、说话快而有力的客户很可能是孙悟空式的领导型性格；面带微笑、语气和悦的客户则可能是沙僧式的和平型性格；笑容满面、手舞足蹈、说话快而欢悦的客户很可能是猪八戒式的活泼型性格。

不同性格的客户往往喜欢与自己类似，或者与自己处于同一"气场"的销售人员。因此，房产销售人员判断出对方的性格后，在接待与交流时就应该与客户的情绪、语气、语调，以及肢体语言保持同步，客户有什么样的行为和语言模式，房产销售人员也应该调整自己的行为和语言模式，这样可以迅速与客户建立起良好的关系。

情景 19　客户考察看房之后再度光临

情景模拟

客户李先生几天前到销售中心详细了解过户型，今天他再次来到了现场，房产销售人员微笑着向李先生走来……

房产销售人员："李先生，您好，我是小王，欢迎您再次参观××花园。"

客户："小王，我上次有急事没怎么细看，今天想多了解了解。"

房产销售人员："没问题，李先生，上次您是赶着去机场接您母亲是吧？老人身体好吗？在这边住得还习惯吗？"

客户："挺好的，谢谢你的关心。"

房产销售人员："李先生，您这次还是想看看3室1厅的户型吗？"

客户："是啊。"

房产销售人员："我们3室1厅的户型有低层的，也有小高层的，要是您母亲和您一起生活，低层的房子对老人来说是比较合适的。您坐下来，我向您慢慢介绍吧……"

情景分析

房子是大宗商品，人们在购买时谨慎小心、左右权衡是免不了的。考察的次数越多，说明客户对楼盘的好感与意向越强烈。接待这种类型的客户时，房产销售人员要做到两点：一是亲切，要能直接说出客户的姓名，与客户聊一些能拉近距离的话题，接待时也要更热情、更自然一点；二是镇定，即使判定客户极有可能在这次考察中做出购买决定，房产销售人员表面上也要气定神闲，不能有急迫或窃喜的表现。

😞 错误提醒

错误提醒 1：不管是有意还是无意，房产销售人员都不应该对客户讥讽、嘲弄。

房产销售人员："怎么样，李先生，看了一圈还是回到我们楼盘了吧！"

房产销售人员："李先生，前几天我就劝您把那套两居室的房子定下来，您看，现在那套房子已经卖出去了。"

错误提醒 2：即使不是自己负责的客户，房产销售人员也应该热情接待，帮助客户找到负责的销售人员再离开。

房产销售人员："这位先生，您以前也来过？"

客户："是啊，几天前我来看过一次。"

房产销售人员："当时接待您的是谁呢？"

客户："她好像姓刘。"

房产销售人员："知道了，她在那边，您去找她吧！"

技巧运用

方法技巧：接待多次到访客户的要点

多次到访的客户对楼盘了解比较多，购买目标也较为明确，成为准客户、准业主的可能性是非常大的。房产销售人员接待这类客户时应注意以下几点。

1. 接待客户时要询问客户是否来过及以前接洽的销售员，确定后要帮助客户找到相应的接洽人，不能因为不是自己的客户就怠慢或者不理不睬

2. 在知道客户如何称呼的情况下，要亲切礼貌地打招呼，以拉近距离，唤起客户的熟悉感与好感

3. 可适当聊一些关于客户生活或者近况的话题，以表达关心，增强亲切感

4. 保持稳定的情绪，不要喜形于色；相反，应以高度的责任心和认真的态度推介房源，因为这很可能是客户做出决定之前的最后一次洽谈

第 3 节 特殊型客户

情景 20 特殊客户应当给予特殊关照

情景模拟

情景 1：接待老年客户

房产销售人员："先生，您好，您是帮孩子看房吧？"

客户："是啊，儿子上班忙，我就出来给他看看房。"

房产销售人员："做父母的就是这样，一辈子都为孩子操心，您说是吧？您今天主要想看看什么户型的呢？3 居室的还是 2 居室的？"

情景 2：接待带小孩的客户

房产销售人员："先生，您好，这是您家孩子呀？（半蹲，与客户的孩子保持平视）小朋友，你几岁了？上学了吗？"

客户："孩子 5 岁了，快上小学了。"

房产销售人员："您孩子特别有灵气，将来读书肯定错不了。我们前天有位客户定了套 3 居室的，他家孩子当年就是省里的文科状元，现在出国留学都快回来了，家里忙着买房办婚事呢。您今天想看什么户型呢？"

情景 3：接待"准妈妈"客户

房产销售人员："大姐，走路慢一些，地板刚拖过，有点儿滑。宝宝几个月了？"

客户："5 个月了。"

房产销售人员："人家都说怀宝宝的妈妈是最漂亮的女人，这话可真说对了。您坐着休息会儿，先看看资料吧！"

客户："好的，谢谢。"

情景分析

特殊客户是指老幼病残孕等客户，在接待他们时，房产销售人员要格外留心，当客户需要帮助时，要及时给予热情周到的服务。当然，如果客户对特殊的关照比较排斥，喜欢独立思考，房产销售人员可以暗中多留意，在客户确实需要帮助时再伸出援手。对特殊客户，真诚的赞美往往更能打动他们。

错误提醒

错误提醒 1：过度热情，言语触及了客户的痛处或忌讳。

房产销售人员："先生，瞧您拄着拐杖挺辛苦的，就不要往沙盘那边人堆里挤了，您就在这边坐着吧，我给您介绍介绍。"

错误提醒 2：好心帮助客户，客户却不领情，房产销售人员就抱怨不止。

房产销售人员："老先生，这儿有好几级台阶，您当心点。"

客户："开玩笑，就这台阶，对我来说，跟玩儿一样！"

房产销售人员："您怎么这样啊，我可是好心好意的……"

技巧运用

方法技巧：赞美客户

赞美是销售沟通中最好的"润滑剂"，往往一句简单而真诚的赞美就能让客户喜笑颜开地参与到对话和交流中。房产销售人员应该如何赞美客户呢？

赞美的原则和技巧
1. 发自真心——赞美应该是真诚的，而不是信口开河、矫揉造作。客户如果察觉到销售人员言不由衷、曲意奉承，非但不会领情，反而会失去对房产销售人员的信任和好感。举例如下。 "老先生，您和我爸爸的年纪差不多，可是您的精神头要好多了，您有什么绝招吗？"（真诚） "老先生，您精神可真好，七八十岁的人看起来跟四十来岁一样！"（虚假）

2. 言之有物——赞美应该是具体的、有根有据的，而不是抽象的、空洞的。举例如下。

"张姐，您孩子好可爱，您看她的眼睛，像水晶一样，又亮又有神，人家都说有这样一对眼睛的女孩可都是美人胚子！"（具体）

"张姐，您孩子好可爱啊！"（空洞）

3. 贵于自然——最高明的赞美应该是无形的，要让对方觉得销售人员像在陈述事实一样自然，例如：

"王先生，您在××公司上班啊？每次我下班都经过那里，市中心最气派的办公楼，我总是觉得，能在那里上班可真是让人羡慕的事。"

4. 适可而止——赞美不宜长篇大论，好话说太多也会露出破绽来，因此赞美应该适可而止。

情景 21 高峰时期同时接待多位客户

情 景模拟

开盘当天，销售中心人流涌动，好几位客户围着一名房产销售人员……

客户甲："这个2室1厅的户型每平方米多少钱啊？"

客户乙："小姐，把那个楼书拿一份我看看……"

客户丙："买这套房，全款有什么优惠吗？"

客户丁："小姐，这个户型得房率是多少啊？"

房产销售人员：（保持微笑）"甲先生，您看的那套2室1厅价格是每平方米4 000元。乙小姐，楼书就在您身边的展示架上，非常抱歉，今天客人比较多，麻烦您自己取一下好吗？丙先生，我们全款是九七折优惠。丁先生，您看的这套房，得房率是85%。"

房产销售人员："真是不好意思，今天开盘客人很多，如有招待不周请大家谅解。我们先一起看看沙盘模型，好吗？"

情 景分析

楼盘开盘日或者广告日的时候往往是销售中心的业务高峰期，一名房产销售人员往往要面对好几位甚至十几位客户，每一位客户都希望受到重视，享受应有的服务，如果房产销售人员顾东不顾西，使其中一部分客户受到冷落，这些客户会因为没有得到合理的接待而降低购买热情，甚至对销售人员和公司产生不良的印象。房产销售人员在应对这种状况时，要做到"接一顾二招呼三"，既照顾到每一位客户，又必须有重点地把握住购买意向强烈的客户。

😞 错误提醒

错误提醒 1：厚此薄彼，对个别客户重视，而忽视了其他客户。

客户："小姐，给我拿一下楼书。"

房产销售人员："您等一会儿啊，我给这位先生介绍完马上就招呼您。"

错误提醒 2：因为现场忙碌，引起房产销售人员情绪上的烦躁，回应客户时带有情绪。

客户："给我一份楼书看看。"

房产销售人员："您自己找吧，就在您边上，我忙着呢！"

技巧运用

方法技巧 1：高峰时期接待客户的技巧

房产销售人员分身无术，在高峰时期怎样才能既照顾到每一位客户，又能创造最大的成交量呢？以下四招，只要房产销售人员用心就都能做到。

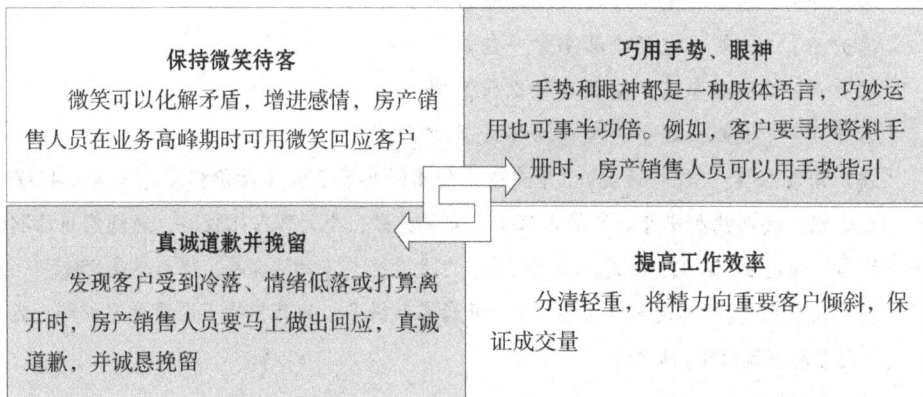

保持微笑待客	巧用手势、眼神
微笑可以化解矛盾，增进感情，房产销售人员在业务高峰期时可用微笑回应客户	手势和眼神都是一种肢体语言，巧妙运用也可事半功倍。例如，客户要寻找资料手册时，房产销售人员可以用手势指引
真诚道歉并挽留	提高工作效率
发现客户受到冷落、情绪低落或打算离开时，房产销售人员要马上做出回应，真诚道歉，并诚恳挽留	分清轻重，将精力向重要客户倾斜，保证成交量

方法技巧 2：接一顾二招呼三

房产销售人员在业务高峰期必须练就"接一顾二招呼三"的本领，即认真接待先来的客户，细心照顾后来的客户，热情招呼刚进门的客户，让每一位客户都能感受到热情和关注。同时，房产销售人员要保持平稳冷静的心态和情绪，不急不躁，不要有不耐烦的言语行为，应该多使用礼貌用语，例如，"请您稍等片刻，我马上为您介绍"　"不好意思，让您久等了"　"招待不周，请您原谅"等。

情景22　同行踩盘时要善应对、多提防

情景模拟

一位客户挎着相机走进了销售中心，见到迎候在一旁的房产销售人员，客户主动与销售人员聊了起来……

客户："小姐，这个沙盘模型可以拍照吗？"

房产销售人员："对不起，先生，售楼处是不允许拍照的。您叫我小王就行了。"

客户："你们这个楼盘什么时候交房啊？"

房产销售人员："明年3月。"

客户："那现在卖得怎么样了？"

房产销售人员："您问的问题和其他客人的大不一样。销售情况非常不错。"（试探）

客户："两室的房子都有多少平方米的啊？"

房产销售人员："70~98平方米的都有，您想看多大的呢？"

客户："3室的呢？"

房产销售人员："3室的面积在100~145平方米之间。"

客户："得房率怎么样？"

房产销售人员："先生，您很专业，很内行啊。"（再次试探）

客户："我就是想多了解了解。"

房产销售人员："先生，您先看看我们的沙盘，如果有中意的户型，我再给您详细介绍，好吗？"

情景分析

房产销售人员必须学习如何辨别及有效应对同行踩盘的方法。对一手楼盘销售人员来说，同行踩盘的目的一般是刺探内情或者学习取经；而二手楼销售，同行上门的目的不仅是踩盘，而且会撬盘，也就是扮演买家，通过看楼来窃取业主的资料，以丰富自己的盘源。无论是踩盘还是撬盘，都会浪费房产销售人员的时间，而且更为严重的是，泄露了公司的业务资料。踩盘的同行客户与普通客户相比，

专业知识要多一些，对行业的了解也要深一些，但是，也不能排除踩盘的同行刻意装"外行"，或者经常考察楼盘的准客户言语间很像同行这两种特殊情况。如何辨别客户是否是同行，需要房产销售人员在长期的工作中去发现、去积累经验。

😟 错误提醒

错误提醒：觉得客户像同行，房产销售人员不予理睬或言辞闪烁，让客户不悦。

客户："你们小区的容积率是多少？得房率高吗？"

房产销售人员："您问的这么专业，是不是踩过很多盘啊？"

客户：（感到莫名其妙）"买房这么大事情，我多比较几家怎么啦！"

技巧运用

方法技巧 1：如何识别同行客户

同行客户踩盘的主要目的就是挖掘信息，因此他们对楼盘的各种指标、数据都会很感兴趣，并会有意无意地记录或者默记，他们询问的户型也没有明确的范围，楼盘的各类户型他们都想做全盘了解，喜欢收集楼书这类说明性的手册。

对于同行，房产销售人员最好以言语试探，同时细心观察客户表情、动作的变化。

例如，当销售人员跟客户说："您好专业，好内行啊，您看，您知道的一些东西有时候连我这个销售人员都不清楚。"一般的客户会这样回应："哪里哪里，我只不过是多看了几个楼盘，看得多、问得多，也就成了半仙了。"而如果是一位同行听到销售人员这样说，可能会觉得自己踩盘的身份被看穿了，神情上会有一些慌乱，言语上也会遮遮掩掩，只要观察到这些，房产销售人员心里即可初步确定，再试探一两次，如果有同样的反应，则可以确定是同行了。

方法技巧 2：如何对待同行客户

房产销售人员对于既浪费自己时间又窃取公司信息的同行客户，往往采取"横眉冷对"的态度，这是没有必要的。首先，客户是不是同行是非常难以鉴定的，即便是同行，他们也可能会有买房的需求；其次，房产销售人员对待同行的态度，往往能体现一家公司及其员工的素养与水平，如果对同行都能服务周到，那么对其他客户一定会提供更加优质的服务。

接待同行客户时，房产销售人员在服务上要一视同仁，以礼相待；回答同行咨询的问题时则要谨慎，能模糊作答时就不要给出具体的、精确的信息和数据。

Chapter 3

第3章

挖需求：怎么探寻，怎么推介

需求的紧迫感能够促使客户做出购买决定。只有把握住了客户最核心、最基本的需求，房产销售人员才有可能有的放矢地向客户推荐适合的户型，并最终达成销售。因此，挖掘客户的真实需求是一个非常关键的环节，销售工作的第一步就是找出客户的真正需求。

第1节 挖掘需求

情景23 全面掌握客户的信息

情 景模拟

房产销售人员："李先生，您的爱车很不错，这款车的外形虽然不张扬，但配置却非常出色。车如其人，人如其车，我看您应该也是个很务实、很讲究、很有内涵的人。"（赞美既能博得好感，又能赢得客户的积极配合与回应）

客户："哈哈，你这个小王，真会说话。"

房产销售人员："您住在南城还是北城啊？离我们楼盘这边远吗？"

客户："我住南城，过这边来开了差不多1小时的车。"

房产销售人员："那真是辛苦您了。您在南城住，怎么想到要在北城看房呢？"（顺势询问）

客户："北城学校多，教学质量好，环境也要好一点嘛。"

房产销售人员："这么说，您家孩子都上学啦？"（顺势询问）

客户："我家那小子快上小学了。"

房产销售人员："做父母的真是了不起，古时候有孟母三迁，您现在为了孩子上好学校，也打算举家北迁是吗？"（确认购房动机）

客户："孩子上学是一方面原因，往北边搬，我和我老婆上班也方便。"

房产销售人员："哦，您和太太在一块上班啊？"（顺势询问）

客户："我在××街，她在××路。"

房产销售人员："那您一家搬北边来确实要方便些，像我们这个小区到您上班的地方，开车都用不了一刻钟。李先生，您父母和您一起生活吗？"

客户："是啊，父母都70多岁了，和我们一起生活的。"

房产销售人员："那您南城的家应该是3室的户型，对吧？"（顺势询问）

客户："对啊，3室1厅，120多平方米的。"

房产销售人员："我大哥一家就住在南城，他们觉得那边交通方便，休闲娱乐的场所也多，要是让他们搬北城来，他们还不愿意呢。"

客户："是这样的，南城交通要发达一些，但是也非常吵，孩子念书，父母要养老，还是想找个清静的地方啊。"

房产销售人员："您真是个顾家的人，总是把老人孩子放在心上。"（赞美客户）

情景分析

挖掘需求最基本的就是要掌握客户的背景信息，了解了这些信息，就可以剖析客户的购买力、客户为什么要买房、想买什么样的房，以及客户选房最看重什么等。房产销售人员询问这些信息时，不应该像查户口一样左右盘问，否则会引起客户的警惕、反感与排斥，应该掌握灵活的询问方式，把握好时机与尺度，像朋友之间聊天一样轻松而自然地向客户提问。

错误提醒

错误提醒 1：房产销售人员一次性询问的问题过多，过于集中，目的性明显，会让客户不悦，且难以得到客户的积极回应与配合。

房产销售人员："您以前住在哪里啊？房子有多大？为什么不想住下去了呢？"

客户："……"

房产销售人员："您家里几口人啊？孩子上学了吗？我们小区附近有所很好的小学，您要是买了我们的房，以后孩子上学就方便了。"

客户："……"

错误提醒 2：房产销售人员为了凸显自己楼盘的优势，就对客户之前的居住环境或其他背景信息指手画脚，品头论足，这样会让客户很尴尬、很厌烦。

客户："我现在住在××小区。"

房产销售人员："哦，那个小区我去过，房子又老又破，还靠着大马路和娱乐城，一天到晚乌烟瘴气的，那可不是人住的地方。"

客户："你这人怎么说话的啊，什么叫'不是人住的地方'啊！"

技巧运用

方法技巧 1：掌握客户的背景信息

有关客户的背景信息，房产销售人员当然是了解得越全面越好。一般来说，以下几项信息资料是应该掌握的。

客户信息	具体内容
个人资料	姓名、联系方式、年龄、文化层次、性格特征、兴趣爱好等
家庭情况	婚姻状况、家庭成员、家庭收入、孩子的受教育情况、老人身体状况等
工作情况	工作单位、工作地点、交通工具、职位、工资水平等
居住情况	目前居住地、户型与面积、租住还是自有、对现居住地的评价等

方法技巧 2：客户背景信息的问询技巧

在被问及具体的个人信息时，客户往往会出于防范或者戒备而拒绝回答或者敷衍应对，为了消除或者缓解客户的抗拒情绪，房产销售人员应该用好以下 5 项问询的技巧。

　　提前声明——预先主动告知客户要询问的内容以及这些信息的意义与用途，例如，房产销售人员想问客户的家庭情况，可以说："李先生，为了能给您找到满意的房子，我想问几个问题，您不介意吧？您家里有老人吗？如果有老人的话，我就不能给您推荐太吵或者楼层太高的房子。"

　　穿插询问——避免一次性、密集式的提问，可以将问题化整为零，穿插到销售的各个环节中进行询问。例如，见面寒暄时可以问，讲解沙盘时可以问，带客户看样板房或者楼盘时也可以问，在最后促成销售时同样可以询问。

　　顺势询问——顺着客户提起的话题询问，例如，客户说"你们这里好远啊，我开了一个小时车才到"，房产销售人员就可以顺势问："真是辛苦您了，您住在哪里啊，是不是南边啊？"这样询问既不唐突，又让客户觉得销售人员反应快，富有人情味。

○ 　**隐私交换**——在一些共通性话题上，房产销售人员可以先分享自己的信息，引起客户的兴趣与共鸣，让客户主动透出房产销售人员想要的信息。例如，房产销售人员想了解客户现居住房的情况，可以说："我家也住在南边呢，两居室的，80平方米，一家人住着还真有点紧凑。您家应该是3居室吧？"

○ 　**赞美**——真诚的赞美是最好的"开门钥匙"，客户在被赞美的愉悦感中很容易会放松警惕，从而透漏信息，例如，房产销售人员想了解客户为什么想换房子，可以这样说："听您说起现在的房子，就知道您是个重感情的人，对老房子肯定不舍得，是什么原因让您想起要看看新房呢？"

情景 24　挖掘客户购房的需求

情 景模拟

房产销售人员："听您这样说，您对老房子还是有很深感情的，您在南城住了这么些年，对南城的房子哪里好、哪里不好肯定是大半个专家了吧？"

客户："专家倒谈不上。南城房子好就好在价格要低一些，配套的生活设施要全一些，也比较方便，但是绿化不怎么样，生活环境不如北城呢。"

房产销售人员："那您现在来北城看房，对新房子有什么样的期望呢？"

客户："还是想看3居室，小区要安全、要安静，方便孩子上学和我们上班吧。"

房产销售人员："按您这个条件，其实北城还有一个新楼盘××家园也不错，离您上班的地方也比较近。"

客户："嗯，那个楼盘我去过，有两点我不太满意，一是那附近没有好的中学，孩子上学得跑很远，我们大人上班远一点没关系，但是孩子上学远我们不放心；还有一个就是那楼盘规模不大，开发商实力也不算太强，这还是他们在本地的第一个楼盘呢，将来房子建成什么样，心里没底。"（掌握客户选房的关注点）

房产销售人员："确实，买房子是件大事情，一点儿也马虎不得。您对房子的楼层和朝向有没有要求呢？"

客户："像你们这种18层的楼，我还是希望住中间几个楼层。房子最好朝南，阳光要充足，毕竟家里有老人和小孩嘛。"

房产销售人员："您考虑得挺全面的。我觉得，既然您在南城有这么一套老房子，并不用急着换新房，您可以多考察考察，只要在孩子入学前选好就行了，您说对吧？"（了解客户计划的购买时间）

客户："我老房子都打算卖掉了，能早一点找到新房子最好，毕竟这房价是天天见涨啊。"

房产销售人员："您说的没错，像我们的楼盘，2 期就比 1 期每平方米要贵2 000元呢。"

情景分析

客户对自己购房需求的了解一般可以划分为 3 个层次：一是客户并不了解自己的真实需求；二是知道自己的大体需求，但还需要更多的考察和专业意见；三是有非常明确的购买目标和需求。即使对自身需求有清晰的认识，客户在表达时往往也会闪烁其词，掩盖自己的真实需求，以免过早地暴露自己的真实想法，被房产销售人员"套牢"。因此，房产销售人员在挖掘需求时，必须抽丝剥茧，一层一层往深处挖掘，不仅要挖掘出客户的期望与目标，还要挖掘出客户的顾虑与隐忧。

错误提醒

房产销售人员挖掘需求不能浅尝辄止，通过简单的三段式问题"您想买几居室的户型""您对房子有什么要求""您预算是多少"，就确信自己挖到了客户的真实需求，然后急切地介绍或推荐房子，这种做法是不可取的。

技巧运用

方法技巧 1：需求挖掘的目的

挖掘客户的需求是一项既关键又复杂的工作，这项工作有 3 个目的。

1. 厘清客户自身已经意识到的需求

例如，房产销售人员问客户想看什么户型，客户表示想看两居室，这个"两居室"就是客户已经有意识的需求。

2. 引导客户认识尚未意识到的需求

例如，房产销售人员问客户为什么不看好价位相对较低的 A 楼盘，客户回答A 楼盘绿化做得不好，那么小区环境和生活品质就是客户的深层次需求，而脏、乱、差的环境则是客户的隐忧。

方法技巧2：需求询问的技巧

在了解客户的需求时，以下这3个技巧能帮助房产销售人员更好地发现客户的真实需求。

> 1. 询问要有逻辑、有条理
>
> 问需求时一般会涉及的问题有：客户的购房动机、意向户型、客户的期望、客户的主导需求、购房时间计划等。房产销售人员提出的问题应该有逻辑、有条理，不能东一句西一句，既让客户摸不着头脑，又会使销售人员的专业形象大打折扣。
>
> 2. 巧借话题了解客户真实想法
>
> 巧借话题询问与直接提问相比，客户更容易吐露真实的想法。
>
> 例如，房产销售人员想了解客户对老房子的不满之处，可以这么说："李先生，原来您住在××小区啊，我记得上个月的××网在点评楼市时还把这个小区评为五星级楼盘呢，您怎么会想到要搬出来呢？"
>
> 3. 留意客户的用词频率
>
> 在与客户交流时，房产销售人员一定要留心对方的用词频率，客户评价自己的老住所或者其他楼盘时，频繁提到的词很可能就是客户的需求点，例如，客户反复提到"我现在的房子靠近化工厂，空气不好""那边的楼盘靠着高速路，车来车往的，空气质量不行，噪声也大"，房产销售人员就可以从中判断出客户对社区环境比较看重。

情景25　探询客户的购房预算

情景模拟

客户："你们3室2厅的户型多少钱每平方米啊？"

房产销售人员："3室2厅的户型不同，楼层和朝向不同，价格也有差别，集中在4 000~6 000元之间。李先生，您的预算大概是多少呢？"

客户："唉，你们的房价涨得太快了，前两个月我去看楼盘的时候，3居室的也才3 000多元。我觉得三四千的房价还算靠谱，6 000元太贵了！"

房产销售人员："我能理解您的想法，房价确实涨得很厉害，我们楼盘去年1期开盘时均价是3 000元，今年2期涨到了4 000多元。4 000元这个价位和周边的其他楼盘比起来，还是持平的。××房产网还预测说，我们下半年3期开盘价格应该会在5 000元以上呢。"

客户："房价还要涨？"

房产销售人员："您看看我们2期的销售情况就知道了，开盘不到1个月，已经卖出一大半了。我觉得，既然是二次置业，为了让孩子和老人能够生活得更好，对您来说，房子的质量和生活环境肯定比价格要重要得多，您说对不对？"

客户："这个倒是。"

情 景分析

客户的经济能力和购买预算是房产销售人员不能不挖掘的一项信息，只有了解了客户的支付能力，房产销售人员才有可能在客户可承受的价格范围内推介适合的户型。获取客户的预算信息，房产销售人员既可以直接询问客户，也可以从客户的言谈举止中去判断。在客户没有明确意向户型之前，房产销售人员最好不要报出实际的价格，可以通过适当的房价走势分析让客户相信价格还会走高，从而产生立即购房的想法。

错误提醒

错误提醒：房产销售人员最不应该犯的错误就是以貌取人，看到客户穿着普通就有所怠慢，甚至不理不睬，这不仅损害了销售人员自身的形象，也破坏了公司和楼盘的形象。

客户："你们有小户型的房吗？"

房产销售人员："我们楼盘都是大户型，哪有什么小户型！均价都是5 000元的。"

客户："5 000元啊，这么贵？"

房产销售人员："5 000元还贵啊，现在买房就是这么个价，实在不行可以租房嘛，租房便宜。"

技巧运用

杜绝"势利心"

房产销售人员在与客户接洽时要学会观察客户，从中去判断客户的经济实力。例如，从言谈举止来看，客户是一次还是二次置业，购房的目的是自住还是投资，客户提及的其他楼盘是什么价位，等等。

房产销售人员通过观察得出的信息只是一个为客户推荐合适户型的参考，绝对不能作为对待客户的标准。

情景 26 了解客户的决策情况

情景模拟

情景1：面对男性客户

房产销售人员："李先生，今天天气多好啊，您来看房怎么没带着太太一起呢？"

客户："她周末忙着逛街呢，买房子这种事她从来都不操心。"

房产销售人员："是吗？这说明您太太相信您、尊重您，才这么放心的。买房这种大事，确实是男主人做主的多，您说是吧？"

客户："对啊。"

情景2：面对女性客户

房产销售人员："张姐，您出来看房怎么没有把您先生一块叫来呢？"

客户："他忙着出差呢，没工夫跟我看房。"

房产销售人员："那您要是真看上了一套好房子，先生不在，做不了决定那多可惜啊。"

客户："这没问题，他之前看过这个楼盘，比较满意，我看好的他一定也会喜欢的。"

房产销售人员："这么说一套好房子您自己就可以做主了？"

客户："是啊。"

房产销售人员："看来您在您先生心目中既贤惠又有能力，您真让人美慕啊。"

情景 3：面对夫妻客户

房产销售人员："李先生、张姐，你们一个是四川人，一个是上海人，千里姻缘一线牵，能生活得这么幸福真让人美慕。我挺好奇的，你们一个爱吃辣，一个爱吃甜，那做起饭来到底依谁的口味呢？"

男客户："当然是依她嘛。"

房产销售人员："呵呵，要是待会你们一人看好了一套房，那可怎么办呢？"

女客户："我们家呀，小事我做主，至于买车、买房这样的大事都是他说了算。"

情景分析

房产销售人员了解谁是主要的决策人，一是为了避免客户在后续接洽中产生诸如"我回家和老婆商量商量""我得回去问一下老公的意见"这样的异议；二是方便在最后的促成环节找准主攻对象。在初期的接洽中，房产销售人员了解的询问方式要委婉一些，同时，也可以细心观察客户，了解客户的性格以及他们之间的关系，进而推测主要的买房决策人。

错误提醒

错误提醒：房产销售人员询问谁是决策人时提问方式太直接，这样的问话会让客户感到尴尬、不悦。

房产销售人员："买房这事是您做主吗？"

房产销售人员："您二位谁说了算啊？"

技巧运用

方法技巧 1：准客户的 MAN 原则

对房产销售人员来说，每天看房的客户很多，想买房的客户也很多，但并非每一个来到销售中心的人最终都能成为准客户，要从众多的看房者中识别出准客户，房产销售人员需要挖掘三方面的信息。

支付能力（Money）——谁有支付房款的经济能力；

决策权（Authority）——谁有最终的购买决策权；

需求（Need）——谁有买房的需求。

只有具备这个 MAN 原则的客户，才可能成为准客户。房产销售人员只有找对了人，下对了功夫，才能在有限的时间里取得更好的业绩。

方法技巧2：判断决策人

要判断一个客户是否有决策权，或者一群客户中谁有最主要的决策权，房产销售人员既可以通过对客户言谈举止的观察来推测，也可以通过询问的方式来获得准确信息。根据客户的性格，房产销售人员可以区别性地采取直接或者间接的询问方式。

如果客户性格温和，或者双方沟通氛围融洽，销售人员可以直接询问："先生，买房这事肯定是您来做决定，是吗？""先生，如果看到了满意的房子的话，您是自己做决定吗？"如果房产销售人员对客户的情绪没有很大把握，则应尽量用委婉、间接的方式询问："先生，如果对房子中意的话，房产证上打算写谁的名字呢？""先生，您要不要和太太商量一下呢？""先生，买房是家庭的头等大事，您要是看好了中意的房，还要不要问问家里意见呢？"等。

情景27　判断客户的市场认知

情景模拟

客户："看这个沙盘模型，我觉得你们楼盘跟周边的楼盘相比，好像有差距啊。"

房产销售人员："是吗？看来您对这一片区的楼盘非常熟悉，边上几个楼盘我就看过一点资料，都没来得及去实地走一走，李先生，您能跟我说说这几个楼盘吗？"

客户："这一片我认为比较好一点的有 A 楼盘、B 楼盘和你们这个楼盘。A 的好处是交通很方便，靠地铁非常近，但是比较吵；B 楼盘嘛，我觉得他们小区的园林景观非常出色，住在那里就像守着一个大花园一样，但是价格要高出一大截。"（竞争楼盘的优劣势）

房产销售人员："李先生，那您对我们楼盘的看法是怎样的呢？"

客户："你们这个楼盘有点挤啊，你看同样的用地面积，人家 B 楼盘只建 8 栋楼，而你们这里整整有 12 栋楼。"（己方楼盘的劣势）

　　房产销售人员："呵呵，这个我不能不承认您说的是事实，我们的建筑密度确实比 B 楼盘要大一些。那您认为我们楼盘好在哪里呢？"

　　客户："我听说××大学很多教授都是在你们这里买的房，是吗？"

　　房产销售人员："没错，我们楼盘离××大学非常近，即使走路上班，也才五六分钟。所以很多教授在这里买了房。"

　　客户："我想，有这样的邻居，对孩子的学习会起到好的作用的，而且，在你们这里可以直接入读××中学，我家孩子很喜欢这个学校。"（己方楼盘的优势，客户的核心需求）

　　房产销售人员："我明白您的良苦用心了。您是想为孩子的将来选择一个良好的学习、成长环境，对吧？"

　　客户："是啊。"

　　房产销售人员："那您有没有想好最后在这个小区安家呢？"（了解客户的意向楼盘）

　　客户："这个还不确定，每个楼盘都有自己的优点，我要多了解了解，比较比较。"

情景分析

　　房产销售人员要想了解客户购房时的想法，最佳的一条途径就是挖掘客户对各个楼盘的认知情况。而让客户打开话匣子，诚恳的请教是最好的方法。当客户侃侃而谈考察过的各个楼盘时，房产销售人员可以轻松地从中了解到竞争楼盘的哪些优势能吸引客户，哪些劣势能作为突破口，以及己方的楼盘哪些地方是客户喜欢的，哪些地方还不能令客户满意，这些信息对房产销售人员来说非常宝贵，在促成销售时往往能起到关键的作用。

错误提醒

　　当客户谈及对各个楼盘的看法时，房产销售人员不要轻易发表意见，尤其是在客户赞扬竞争楼盘或者挑剔己方楼盘时，更要保持镇定与冷静，不要犯以下这样的错误。

　　客户："A 楼盘的园林景观非常美，住在那里就跟住在花园一样。"

　　房产销售人员："李先生，他们的花草树木都是移植过来的，能不能成活还是个未知数呢。"

客户："你们楼盘的缺点是太紧凑了，这么巴掌大一块地建了十多栋楼，太挤啦。"

房产销售人员："您这就是外行话了，我们这建筑密度还是正常的，您看看B楼盘，那才是楼挨着楼呢。"

技巧运用

方法技巧1：了解客户的市场认知

房产销售人员在了解客户的市场认知程度时，主要应挖掘以下几个方面的信息。

- ✤ 客户对房地产市场行情了解程度如何？

- ✤ 客户考察过的楼盘有哪些？

- ✤ 客户对竞争楼盘的优劣势评价如何？

- ✤ 客户对己方楼盘的优劣势评价如何？

- ✤ 客户最核心的需求点和隐忧是什么？

根据客户对市场行情的了解程度，房产销售人员在推荐户型时就可以更有针对性；根据客户对楼盘的优劣势评价，可以在促成销售时扬长避短，凸显己方楼盘相对于竞争楼盘的优势；最重要的是从客户的评价中挖掘到客户最核心的需求和隐忧，在此基础上可以采取扩大利益或者放大痛苦的方法让客户的需求变得紧迫起来。

方法技巧2：诚恳请教，让客户乐于分享

每位客户都希望得到尊重，受到重视，房产销售人员的诚恳请教让客户有被尊重、被重视的感觉，从而使客户乐于表达自己对于各个楼盘的看法与意见。房产销售人员可以运用以下方式来向客户请教。

"×先生/小姐，我接待过那么多客户，对这一片楼盘了解得最透彻的还就属您了，见多才会识广，您能跟我说说您对这几个楼盘的看法吗？"

"×先生/小姐，要是其他客户都和您一样，这么熟悉这一带的楼盘，那我这个售楼员肯定就下岗了，您不仅对楼盘非常了解，而且想法和看法也比别人高明，依您看来，A楼盘怎么样？"

"×先生/小姐，跟您聊天我真是长见识，就算是我们业内的人，对楼盘了解这么深的也非常少。我想请教您一个问题，您对我们这个楼盘是怎么看的呢？"

情景28 让客户需求快速升温

情 景模拟

情景1：子女教育需求

房产销售人员："李先生，听您这么说来，您举家北迁，最主要的还是为孩子营造良好的教育环境和成长氛围，是吧？"（确认核心需求）

客户："没错。"

房产销售人员："您孩子如果有一天懂事了，一定会为有您这样的爸爸感到自豪的。我昨天上网还看到了一篇报道，讲的是××地区的一个少年犯罪团伙的故事，其实都是一群十六七岁的孩子，初中没有念完就一步一步走上了歧途，看到他们的家长捶胸顿足，我就想如果在孩子小的时候，就为他创造一个好的环境，让他在好学校接受好的教育，或许就不会有这样的事情发生了，您说对吧？"

客户："是啊是啊，我现在什么都不担心，就担心孩子，我们家这小子特别淘气，没有一个好环境我还真怕他学坏。"

房产销售人员："您放心吧，有您这样尽心尽力的父亲，孩子将来肯定会有出息的，上一流的名校肯定不成问题。将来，您希望孩子往哪方面发展呢？"（抓住需求，强调利益，引导客户想象未来）

客户："只要他能考上好学校，学什么我都支持，你给我介绍介绍这里的房子吧！"

情景2：初次置业安家的需求

房产销售人员："张姐，您现在就是想有个房，能把家稳定地安置下来，不用到处租房，能有个安定感，是吗？"（确认核心需求）

客户："是啊。"

房产销售人员："说实话，我们家以前也是租房住的，虽然远远比买房要便宜，但住着总是很失落，每次费尽心思把家里装扮得漂亮点，一年过去房东不租了，我们一家子就得拖着行李在这城里四处漂泊找新地方租，大人还无所谓，可是孩子也跟着这样过，让我很歉疚。这样的日子虽然过得下去，但就是没有家的感觉。"

客户："没错，我跟老公和孩子基本上也是隔一两年就得搬一次家，每次搬，我都会偷偷哭一场，那滋味儿真叫人难受。"

房产销售人员："现在好了，您可以在属于您一家人的房子里安心住下了，想怎么布置就怎么布置，不用再受四处搬家的苦了。"（抓住需求，强调利益）

客户："对呀对呀，想到这个我就高兴。"

房产销售人员："要是您真决心安家，一定要趁早，这房价涨得太快，一天一个价，要是晚个十天半月，可能就买不下来了，到时候再回头租房还得继续受委屈。"

客户："嗯，这个我知道，来，你给我说说这套房子……"

情景分析

买房可能是很多客户一生中最大的消费和投资，因此，即使客户有明确的需求，也会左思右想，多方考察，全面权衡之后再做出购买决定。要让客户在紧迫的需求推动下以更大的热情来了解意向户型，以更快的速度来选择甚至是做出购买决定，房产销售人员就必须让客户的需求快速升温。使客户需求升温的方法有两种：一种是放大痛苦，也就是将客户维持现状可能存在的问题与隐忧无限放大，令客户感到焦虑、痛苦；另一种是扩大利益，也就是将买房所能带来的利益与好处生动形象地一一阐明，让客户产生看房、买房的兴趣和欲望。

错误提醒

错误提醒1：房产销售人员在扩大利益时危言耸听，夸大其词，这样客户非但不会接受，反而会认为销售人员不可信。

错误提醒2：房产销售人员要有分寸，不能乱说话。

技巧运用

方法技巧1：客户购房的主要需求动机

推动客户做出购房打算的最主要的需求动机是什么？房产销售人员必须通过

与客户的交流，挖掘到这个最主要的需求动机，然后围绕这一需求动机采取"放大痛苦"和"扩大利益"的方法使客户的需求不断升温，让客户急于了解房地产商品，急于挑选出符合意向的户型，这样才可能达成最后的销售。一般常见的购房需求动机，以及相应的"放大痛苦"和"扩大利益"的话术要点如下表所示。

客户的需求点	放大痛苦	扩大利益
初次置业安家	没有自己的房子就不得不四处搬家，家人尤其是孩子没有安全感、归属感	有了安定的居所就可以自由布置房间，有归属感，对孩子的成长更有利
搬离大家庭	与长辈同住难免有摩擦，可能会伤害彼此感情，家人之间的关系也可能出现紧张气氛	有独立住所可以保留小家庭的私人空间，与长辈之间的关系可能更和谐、更亲密
子女教育	孩子缺乏优质的教育环境或成长氛围，可能在学习上落后，甚至走上歧途	在好的环境下成长，孩子成绩会更优秀，成长会更健康，未来可能进入名校，有一个好的前途
改善居住环境	居住环境嘈杂拥挤，影响心情和生活质量，小区缺乏安全保障，家庭财产和家人都可能有风险	社区绿化率高，环境优美，心情自然舒畅，生活质量也会提高，安全有保障，交通更方便，配套设施更全面，住户素质都较高，邻里关系和谐美好
工作调动	上下班路程远，将时间浪费在路上，早出门晚到家，跟家人在一起的时间减少，休息时间也少，生活质量可能会下降	在工作地点附近买房，上下班既方便又轻松，休息充分，身心更健康，可以有更多的时间陪家人和孩子，家庭关系更密切
投资	错过投资时机，房价上涨，买同一套房不得不付出更高的代价，风险也较大	楼盘房价在稳步升值，及时投资能带来稳定、丰厚的收益

方法技巧2：问询需求的20个常见问题

一名房产销售人员的成功，靠的不仅是良好的现场应变与沟通能力，同时还应预先做足准备工作，有准备才会有信心，有信心才能有条不紊地推进销售。房产销售人员要挖掘客户的需求动机，最主要的方法还是询问与交流，如果能预先准备好一份常用的问题清单，需求挖掘过程就会更顺利、更流畅。以下20个问题是房产销售人员问询客户需求时经常用到的。

"您现在住在哪里？"

"您现在的房子是什么样的呢？"（租或买，小区或街道，面积、环境、设施）

"您对现在的房子满意吗？"

"您对现在住的房子最不满意的地方在哪里？"

"您上班的地方在哪里？"

"您现在住的地方上学、上班方便吗？"

"您现在住的地方对老人来说是不是很方便呢？"

"您有没有朋友是房地产行业的或者新近买了房的呢？"

"您目前都考察过哪些楼盘呢？"

"您能谈谈对这些楼盘的看法吗？"

"您认为以后一段时间内的房地产价格走势会如何？"

"您觉得我们楼盘哪些地方比较好，哪些地方还不大令您满意呢？"

"是什么原因让您想要选套房子呢？"

"您想看什么户型的房子呢？"

"您对新房子有什么样的期望呢？"

"您在选房子的时候，最看重什么呢？"

"您选房时，有什么特别的要求吗？"

"您希望这次买房投资额控制在多少呢？"

"您希望每个月投资多少钱在房子上呢？"

"如果您看好一套房，房产证上会写谁的名字？"

第2节　推荐户型

情景29　如何进行沙盘解说

情景模拟

房产销售人员："李先生，您好！欢迎您来到××花园，我是小王，今天将由我来为您做沙盘讲解。您现在看到的这个沙盘模型就是我们××花园的整体规划。"

房产销售人员："××花园占地 12.8 公顷，是北城目前占地面积最大的社区，紧邻市内最大的都市森林公园，鸟语花香，环境非常优美。社区的东西南北 4 个门都设有市政公交站点，出门仅 300 米就是二环线，您从这里驱车去市中心，只需要 20 分钟的时间。国家重点院校××大学及其附属小学就坐落在××花园附近，步行只需要 10 分钟的时间。孟母三迁，择邻而居，有名校为伴，对您的孩子来说，这样的人文环境是千金难买的。"

房产销售人员："××花园是我们××地产在本市的第二个项目，去年开盘不到 10 天就售罄的××楼盘就是我们在市内的第一个项目。××花园分两期开发，这一区域是 1 期，一共 4 栋 280 户，在今年的 3 月已经按时按质量交房，很多业主都已经入住。您现在看到的是这个月初开盘的 2 期，一共 6 栋 380 户，面积从 80 平方米 2 居室到 228 平方米 4 居室，主力户型是 128 平方米和 158 平方米这两种 3 居室户型。这是整体的一个情况，您有什么问题吗？"

客户："你说这是北城最大的社区，那住户肯定也多，那岂不是很挤喽？"

房产销售人员："很抱歉，这是我没有跟您说清楚。我们是北城面积最大的社区，但是，容积率却只有 2.1，楼与楼之间的间距达到了 38 米，完全保证了您住宅的私密性和空间感。社区中央的十字区域是仿苏州园林建设的绿色广场，有 4 个足球场大小，按规定居住小区人均绿化使用面积不低于 1 平方米，而我们这个项目达到了 10.8 平方米，超出了 10 倍呢，这都是为了让您有一个高品质的生活环境。"

客户："哦，这样啊。那你们现在 3 居室销售情况怎么样？"

房产销售人员："除去今天预订的 12 套房，128 平方米的 3 居室目前还有 32 套，158 平方米的就只剩下 28 套了。"

客户："卖这么快啊？那你给我说说这个 158 平方米的。"

情景分析

在向客户介绍楼盘情况，特别是期房时，沙盘解说是楼盘的一种主要呈现方式，能比较形象地展现楼盘所处的地段、环境、交通、配套设施，以及项目进展等情况。沙盘解说要条理清晰，重点突出，同时也不能忽视与客户的双向交流。房产销售人员可以预先准备几套侧重点不同、篇幅不同的解说词，针对不同的客户和销售场景来运用。在介绍销售进度时，房产销售人员可以通过具体的数据来营造楼盘热销的紧张氛围，也可以进一步确定客户的意向户型。

😞 错误提醒

错误提醒 1： 沙盘解说要融入楼盘的主要卖点与特色，涉及的信息繁多而且复杂，切忌颠三倒四、条理紊乱、想到一句说一句，这样客户难以记住信息，还很容易对房产销售人员的专业性产生怀疑。

房产销售人员： "这就是××花园的整体规划模型，占地12.8公顷，这边是高校，那边是公园，我们1期开盘就售罄了，新开盘的有6栋楼，交通很方便的……"

错误提醒 2： 沙盘解说是为了让客户更了解楼盘，因此房产销售人员解说时不能自说自话，完全不顾及客户的反应与需要，这会让客户意兴索然的。

房产销售人员： "我们这个项目占地12.8公顷，是北城面积最大的楼盘，项目分为两期……"

客户： "这么大的社区会不会很挤、很吵闹啊？"

房产销售人员： "先让我介绍完楼盘，我们2期将于明年3月交房……"

错误提醒 3： 客户对行业内术语不一定能理解，房产销售人员如果在解说中频繁使用专业术语，很可能使客户失去兴趣，令其望而生畏。

房产销售人员： "我们楼盘的容积率是2.1，绿化率是43%，这一户型的得房率是85%……"

客户： "什么是容积率？什么是得房率……"

技 巧运用

方法技巧 1：房产销售人员的知识储备

做一行应该爱一行，更要精一行，房产销售人员只有业务精通才能为客户推介合适的户型，服务专业才能赢得客户的信赖。一名优秀的房产销售人员应具备以下专业知识。

企业知识	参与项目的单位（开发商、承建商、监理单位、设计单位等）、历史、在同行业中的地位、企业荣誉、社会知名度、品牌影响力、已开发的项目及口碑等

（续表）

产品知识	**区域大环境**：环境、交通状况、地理位置、科教卫生设施分布、城市发展规划和公共设施，区域发展前景、升值潜力等 **楼盘小环境**：数据指标（占地面积、容积率、绿化率、得房率、建筑密度等）、项目规划、楼盘设计特点、施工方法、施工进度，建筑材料、造价、性能，使用年限、产权年限、小区内配套设施、业主层次定位等 **户型结构**：户型种类、面积、分摊、室内格局、功能、开间、进深、朝向、家具布置、通风、排水、采光等 **价格与支付**：开盘价、起价、均价、最高价、折扣率、促销优惠、赠品、装修费用、付款方式、按揭方案、按揭手续等 **物业管理**：物业公司名称、知名度、服务水平、介入时间、服务内容、收费标准等
行业知识	房地产政策法规、房地产市场行情、价格趋势、目标客户群体、竞争楼盘情况等
关联性知识	建筑行业知识、房地产金融与投资知识、法律知识、消费者心理学知识等

方法技巧 2：沙盘解说的要点

　　沙盘是整个楼盘项目的缩影，要将一个庞大的房地产项目的特色、优势通过对一个简单的沙盘解说体现出来，对房产销售人员来说是非常有挑战性的工作。沙盘解说时，房产销售人员要注意以下四个要点。

目的明确	解说沙盘的目的是为了加深客户对楼盘或者某个具体户型的印象与好感，让客户产生进一步了解的意愿，房产销售人员必须明确这个目标，围绕它来设计解说词，尽量突出楼盘的特色与优势，突出楼盘能给客户带来的利益和好处
深入浅出	解说沙盘会涉及大量的楼盘数据指标以及行业的专业术语，房产销售人员要考虑客户的理解能力，在说出专业词汇后，还应该将行业术语以浅显易懂的语言解释一遍，这样客户听起来既专业，又有说服力
双向交流	沙盘解说不是背课文，而是在向客户介绍楼盘，因此房产销售人员要时刻关注客户的反应与问题，与客户保持互动和交流，并根据对方的需要来调整解说的重点与方式

沙盘解说的内容一般包括企业介绍、项目规划与进展、地理位置、交通状况、小区环境、配套设施、楼盘介绍等。房产销售人员解说时要保持清晰的思路，根据客户的情况来设计解说词，例如，客户如果对楼盘项目一无所知，销售人员可以采取从大到小，从面到点的方式来讲解，即先介绍企业及项目的整体情况，然后介绍楼盘内外部环境，最后细化到每一种户型、每一个卖点；如果客户对楼盘情况很熟悉，想直接了解具体的房型情况，那么销售人员可以直入主题介绍房型，在介绍中适时加入楼盘的特色与卖点

条理清晰

情景30 如何圈定意向户型

情 景模拟

房产销售人员："李先生，您肯定考察过很多楼盘，也可以说是行家了，从沙盘模型上判断，您猜猜哪栋楼的3居室户型是最出色的？"（让客户主动选择，从而判断其意向户型）

客户：（仔细观摩沙盘后指着模型回答）"我看，应该是这个8号楼吧。"

房产销售人员："您为什么选择8号楼呢？"

客户："8号楼一侧面向××大学，一侧对着森林公园，景观好，朝向也还可以。"

房产销售人员："您眼光果然不一般，确实是这样的，8号楼可以说是我们××花园10栋楼中最得天独厚的。东南朝向，阳光充足，通透性好，而且带有两个270度的豪华观景阳台，一家人住在这里，无论从哪个角度看，处处都是风景，居家就像度假一样了，对孩子影响也大，天天对着一所名校，他的心态和志向是其他孩子不能比的，您说是吧？"

客户："对，环境对孩子的影响很重要的。"

房产销售人员："现在只有6号楼、8号楼和10号楼还有158平方米的3居室户型，您更喜欢哪栋楼？"

客户："当然是8号楼。"

房产销售人员："8号楼共有20层，分为两个单元，您家里有老人，楼层偏低一点对老人来说更方便一些，您看呢？"

客户："有电梯呢，楼层高一点低一点没太大关系。"

房产销售人员："好的，您稍等，我需要确认一下哪几套房没有预订……"

情 景分析

　　有的客户在对楼盘进行详细了解后，往往会确定意向的具体户型，但也有客户不知道选择什么样的户型，或者不愿意向房产销售人员透露中意的户型，这时候，房产销售人员可以巧妙地引导客户主动地评价各栋楼，各个单元，或者各种户型，从而一步步圈定客户意向的具体户型，最好能精确到1~3套房。在明确具体户型之后，房产销售人员也不要急于介绍，先与销控柜台打一场"配合仗"，给客户增加一点压力和紧张感，然后再开始详细地介绍户型。

错误提醒

　　错误提醒 1：如果客户对楼盘缺乏了解，或者对自己理想中的户型没有明确的概念，这种情况下，房产销售人员应该进一步挖掘客户需求，或者解说楼盘，而不要直接逼问客户的理想户型。

　　房产销售人员："您喜欢哪种户型？有没有看好哪一套呢？"

　　客户："我也说不清楚，还不太了解呢。"

　　房产销售人员："您看着觉得哪种户型适合自己呢？"

　　客户："不知道啊。"

　　错误提醒 2：如果客户看好的某种户型没有房源了，房产销售人员简单回答"没房了"，或者列举该户型的毛病以迫使客户转向其他户型，这样的做法都是不应该的。

　　客户："这种158平方米的3居室户型还有几套？"

　　房产销售人员："没有了，都卖完了。"（错误）

　　房产销售人员："这种户型不好，3个卧室1个朝北，还有两个对着马路，您还是看看这种128平方米的户型吧。"（错误）

　　房产销售人员："158平方米的3居室户型昨天刚刚卖完，不过我们还有一种128平方米的3居室户型，和158平方米的相比，就少了1个小客厅，但是室内格局更加科学，景观和朝向也更好一些，您看看这个模型……"（正确）

技 巧运用

　　方法技巧 1：巧妙询问，了解客户的意向房型

　　新开盘的楼盘，往往房源充足，房产销售人员在深入挖掘客户的需求后，下一步工作就是圈定客户的意向户型，从众多待售的房源中选出客户感兴趣并且合乎客户需求的具体户型。如何判断客户对哪些房有意向呢？最直接的方式就是请教法，让客户主动表露自己的意愿。房产销售人员可以尝试采用以下这些话术。

"先生，如果让您选择，您会选哪栋楼哪套房呢？"

"先生，您觉得我刚介绍的这套房怎么样？"

"先生，不知道您对这套房有什么样的看法？"

需要注意的是，房产销售人员不要给客户太多的房源去选择，一般控制在三套以内，选择范围太大，客户可能会很难做出最终决定，这会给交易促成制造很大的困难。

方法技巧 2：察言观色，识别客户的肢体语言

房产销售人员在向客户推荐户型时，即使客户没有明确地表示出喜欢哪一套房，不喜欢哪一套房，但只要销售人员认真地观察，也可以从客户的肢体语言中判断出客户对每一套推荐户型的偏向与喜好。以下是一些比较典型的肢体语言。

客户肢体动作	肢体语言含义
客户不敢或者躲避与房产销售人员的目光接触	表示客户另有打算或者不太信任销售人员
客户皱眉，或者微微地摇头	表示不同意，不赞成，或者怀疑
客户左顾右盼，对销售人员的介绍很少做出反应	表示客户对推荐的户型并不中意
客户不停玩弄手上的小东西，如名片、手机等	表示客户对话题不感兴趣、心不在焉
客户面无表情，神情冷淡	表示强烈的拒绝
客户时而疑惑，时而微笑，时而轻微点头	表示客户正认真倾听介绍，有一定兴趣
客户用手摸后脑勺，或者抚摸下颌	表示客户正在积极地思考
客户用手指敲打桌面，且节奏轻快	表示客户正在推敲，正在思考
客户频频看表，或者将身体转向门口方向	表示客户不想继续交谈或有急事要离开
……	……

情景 31 如何进行销控配合

情景模拟

经过房产销售人员的介绍与引导，客户明确了意向户型，销售人员向销控柜台确认房源情况……

房产销售人员："柜台，请问 8 号楼 1 单元 1002 卖了吗？"

柜台："对不起，上午 10 点已经被预订了。"

房产销售人员："那么 8 号楼 2 单元 802 卖了吗？"

柜台："对不起，这套房刚刚也有客户定下了。"

房产销售人员："请问 8 号楼 2 单元 1202 可不可以介绍？"

柜台："恭喜你，可以介绍。"

房产销售人员："李先生，非常抱歉，您喜欢的这种户型有两套房已经被预订了，12 层阳光充足，对老人身体很有好处，而且景观和视野相当不错，我们来看看 1202 这套好吗？"

客户："好吧。"

情景分析

"销控"，也就是销售控制，主要是对销售速度或成交数量的把控，是售楼现场常用的销售手段。

技巧运用

售楼现场的销售控制的意义体现在三个方面：（1）及时核实房源信息，避免销售出现一房多卖的错误；（2）配合销售进程，促使意向客户做出购买决策；（3）调节现场气氛，坚定客户的购买信心。

情景 32　如何渲染房产卖点

情 景模拟

客户："你们是哪家开发商？"

房产销售人员："我们是××公司，成立于 1990 年，是建设部的一级开发企业，也是本省房地产开发企业的前 10 强。我们以前开发过的项目有……其中的××楼盘您肯定知道，就靠近您现在住的小区，当时开盘不到 7 天就售罄了，您有印象吧？"

客户："没错，那次我记得，我也去看房了，但是没抢到房子。"

房产销售人员："谢谢您对我们的支持。确实，选择一家有实力的开发商非常重要，谁都希望自己买的房子有质量保证，能安安稳稳地居住，您说是吧？"

客户："那当然，谁不想住得舒心啊。"

房产销售人员："对，在这里您不仅能住得舒心，还能住得放心呢！您看，这里有老年俱乐部和少儿活动中心，您的父母和孩子可以在这里找到很多朋友，参加很多活动，无论是对老人养老，还是对孩子成长，都是很有帮助的。平时您忙着上班时就不用担心家里的老人和孩子了，您要不要看看我们活动中心的精彩视频？"

客户："好啊。（观看活动视频后）这些活动组织得真不错。我爸妈一定会喜欢的。"

房产销售人员："您对父母真是有心。您想不想看看 1202 这套房是什么样的？"

客户："这个就是 1202 的模型吗？"

房产销售人员："没错。这些是 1202 户型的模型和图片，3 室 1 厅 2 卫的格局，一共 158 平方米，使用面积达到了 140 平方米，非常宽敞，您一家人居住是很舒适的。您看，这是客厅，这是 3 间卧室，每个房间都带有 270 度的豪华观景阳台，从客厅的阳台，您能俯瞰整个森林公园，景观非常秀美。这个小卧室可以给孩子用，它刚好对着××大学，校园的风景尽收眼底，孩子天天看着这座高校，即使您不鞭策他，他学习也会很有动力的。您说是不是？"

客户："这套房不错，有样板房可以看吗？"

情景分析

从根本上来说，客户喜欢并且乐于做出购买决定并不是因为房子本身，而是因为这套房能够满足客户的某种需求，能够带来某种利益。因此，房产销售人员在介绍楼盘和户型时应该解说的不仅是房子，还有房子背后的价值和利益。无论是介绍开发商，还是介绍小区内的活动中心，或是介绍具体的户型，房产销售人员在阐明了楼盘与房产的卖点后，总是会着重强调这些卖点带给客户的利益与价值，这样才能牢牢抓住对方的兴趣，让客户急于想要看到实实在在的房子。

错误提醒

错误提醒 1：房产销售人员不要一次性介绍房产的全部卖点，这样客户难以记住，不会有深刻的印象。卖点要循序渐进地展现给客户，房产销售人员要充分阐述这些卖点对客户的意义所在。

错误提醒 2：房产销售人员可以渲染房产的卖点，但是不能夸大或者虚构产品卖点，客户在买房之前往往会考察多个楼盘，因此谎言是很容易被拆穿的。

房产销售人员："我们这个楼盘离市中心非常近，平常您开车只要十来分钟就足够了，这对您和家人的生活来说是非常方便的。"

客户："哦，是吗？我今天就是开车从市中心过来的，整整四十分钟，你说十分钟，那是飞车吧！"

房产销售人员："……"

技巧运用

FABE 产品介绍法则

FABE 是产品介绍的一种简单、有效的方法，它将客户的需求与产品的卖点联系了起来，将产品解说的重点由单纯的卖点转移到了客户的利益上，更加贴合客户的心理，更容易打动客户。

FABE法则

- 特点（Feature）：楼盘的特色或卖点
- 优点（Advantage）：房产有什么好处
- 利益（Benefit）：房产能满足客户哪方面的需求，能为客户带来什么利益
- 证明（Evidence）：证实房产的特点、优点和利益是真实存在的

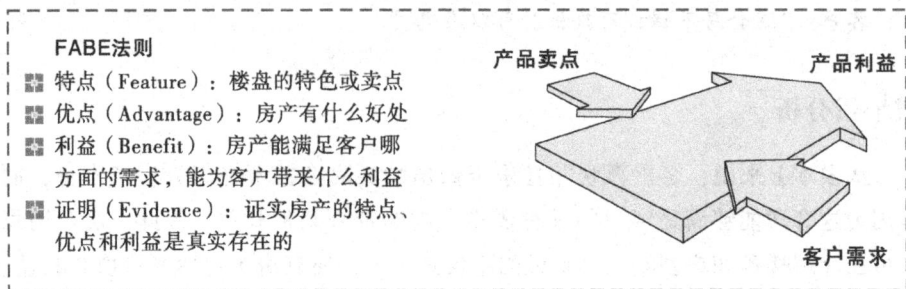

产品卖点　　产品利益　　客户需求

优秀的房产销售人员会巧妙地运用 FABE 法则，不把焦点集中在楼盘的卖点上，而是将卖点着落在客户的需求上，重点阐述房产的利益与价值，具体内容如下表所示。

客户的关注点	产品卖点	产品优点	客户获得的利益	证明
地段	位于二环黄金地段	距市中心 15 分钟车程，具备升值潜力	方便、快捷、投资获利	地图
物业	知名物业公司	管理先进，服务周全	舒心、放心、安心	资质证明、口碑
环境	靠近森林公园	空气清新，环境优美	健康、心情舒畅	地图
配套设施	有老年及少儿活动中心	活动丰富，社区氛围好	老人与孩子人际融洽，有充分的活动空间	项目规划
……				

情景 33　如何评价竞争楼盘

情景模拟

客户："我觉得，你们楼盘和 A 楼盘很相似，均价差不多，户型差不多，地段

也不相上下，你觉得 A 楼盘怎么样?"

应对 1

房产销售人员："A 楼盘在北城这一片可以说是非常不错的楼盘，它有 5 种户型，从最小的 48 平方米 1 居室到 198 平方米的 4 居室都有，只要有 10 多万元的首付，就可以在 A 楼盘找到合适的房子，这样业主的层次多样，社区生活应该也会很热闹。而且它邻近地铁，商业配套设施也齐全，生活上是很便利的。听说明年市政规划很可能会着手治理附近的垃圾场，如果能够做好这个工程，那 A 楼盘的环境就真的很不错了，没准到时候我也会考虑去那边看看房子呢。"（点出竞争楼盘业主层次复杂、靠近垃圾场两大缺陷，适用于追求生活品质与品位的客户）

应对 2

房产销售人员："跟您说实话，A 楼盘开盘后我也没去看过样板房，所以具体户型是个什么样我还不好评价。不过，它地段确实选得不错，靠近××河，环境很好。要在北城买房，那里确实是不可不看的楼盘。我有个客户是专门买房做投资的，他就买了 A 楼盘 1 期的房子，虽然交房晚了 1 个月，但房子质量总体上没有大问题。这客户是个急性子，房价高低他倒不太在乎，就是对交房日期看得紧，这不，我们 2 期开盘那天他又买了 1 套 2 居室呢。"（点出竞争楼盘交房晚的缺陷，适用于讲究效率、重视交房进度的客户）

应对 3

房产销售人员："您眼光就是准，A 楼盘确实各方面条件都和我们不相上下，户型很合理，绿化做得很用心，物业管理也是井井有条。社区附近超市、银行、餐饮一应俱全，就像我们楼盘前面这一片商业配套区一样繁华。要是附近能有一所好学校，孩子上学方便些就好了，我一个朋友就曾经想过在那里买房安家，但想到孩子要坐 10 多站公交车去上学，他们又不放心，最后还是放弃了。对 A 楼盘，我还是挺看好的，如果家里没有孩子上学的话，在那里安家真的不错。"（点出竞争楼盘附近无优质教育资源的缺陷，适用于注重孩子教育的客户）

客户："我心里其实挺喜欢 A 楼盘的，我也去过别的楼盘，问他们的销售人员怎么看 A 楼盘，他们一个个都把这个楼盘说得一无是处，你是第一个说这个楼盘好的。我也想，要是 A 楼盘像你们一样靠着好学校，那就好极了。"

房产销售人员："李先生，世上难有十全十美嘛。"

情景分析

竞争楼盘是房产销售人员在与客户沟通交流时不得不面对的一个两难话题。客户可能在听完房产销售人员对竞争楼盘的夸奖后就真的动心去考察竞争楼盘，这等于是为他人"做嫁衣"；但是攻击或者贬低竞争对手，又会让客户对房产销售人员的印象与好感大打折扣，因此，怎么评价竞争对手是个难题。其实回应这类话题的方法很简单，最主要的是找准客户最关键的诉求，然后对竞争楼盘采取"明褒实贬"的策略，在客户不太注重的卖点上夸奖对手，而在客户最关注的诉求点上不着痕迹却一针见血地指出对方的缺点与劣势，让客户不仅觉得房产销售人员的评价客观公正，同时加深了客户对所售楼盘的良好印象。

错误提醒

错误提醒 1：直接、直白并且无凭无据地攻击竞争楼盘是最不可取的一种做法，客户会觉得房产销售人员为人刻薄，如果竞争楼盘恰恰是客户中意的楼盘，那销售人员则相当于主动放弃了销售机会。

客户："你觉得 A 楼盘怎么样？"

房产销售人员："那里的房子您可千万别买，价格超级贵，虽然号称有最好的园林绿地，但那都是临时移植过去的，能不能存活还不能保证呢。"

错误提醒 2：客户如果没有主动提起竞争楼盘，房产销售人员就尽量不要提及，以免弄巧成拙。

房产销售人员："我们的这套 3 居室户型建筑面积 158 平方米，使用面积就有 136 平方米，不像 A 楼盘，140 平方米的 3 居室户型使用面积才 110 多平方米。"

客户："那你怎么不说人家每平方米房价比你们便宜 500 多元呢！而且他们的交通路段比你们好多了。"

房产销售人员："这……"

错误提醒 3：客户主动提起竞争楼盘时，房产销售人员如果沉默应对，或者敷衍了事，会让客户对楼盘产生疑心，从而更加倾向竞争楼盘。

客户："你觉得 A 楼盘怎么样？"

房产销售人员："这个楼盘我不知道。"（不专业，不自信）

房产销售人员："这个楼盘还可以。"（"还可以"在客户听来相当于"很好"）

技巧运用

方法技巧 1：评价竞争楼盘的"三不三要"

在回答竞争楼盘这个问题上，房产销售人员既要谨慎评价，又要善用技巧，将客户的注意力和倾向扳向有利于自己的一边。处理此类问题，既有禁忌，也有方法，具体来说就是以下"三不三要"。

评价竞争楼盘的"三不三要"原则

✥ **不诋毁攻击**——尊重竞争对手，绝不无凭无据诋毁攻击。

✥ **不消极回避**——客户主动询问时，房产销售人员要积极应对，不能消极回避话题。

✥ **不主动提及**——房产销售人员尽量不要主动提及竞争楼盘，尤其是有竞争力的对手。

✥ **要探明虚实**——即要摸清楚两方面的信息：客户对竞争楼盘的了解情况及印象如何？客户选房买房最关注的是什么？这既是对客户需求的挖掘，也是在为"暗贬"竞争楼盘寻找切入点。

✥ **要明褒暗贬**——没有一个楼盘是十全十美的，竞争楼盘当然有它的优点和特色，但是也有其缺陷和劣势，"明褒暗贬"指的是对手较为明显的优点与优势要夸赞，并且要从客户最主要的需求与关注点出发，找出对手的不足与缺陷，并将这些信息以暗示的方式传达给客户，这样做既给客户留下了公正客观的好印象，又让客户对竞争楼盘的好感与期望大打折扣。

✥ **要点到即止**——点到即止包含两方面的意思：一是对竞争楼盘的缺陷与劣势不要过分渲染，暗示到位即可；二是不能纠缠于竞争楼盘的话题，达到明褒暗贬的目的即可，要适时地将话题转移到自己的楼盘或房型上来。

方法技巧 2：熟悉竞争楼盘

知己知彼，百战百胜。房产销售人员如果对竞争楼盘有了全盘的了解与认识，在推荐自身楼盘时，不仅能专业地向客户进行分析和对比，还可以更好地扬长避短，凸显自身的优势与特色。要掌握竞争楼盘的优势与劣势，房产销售人员最直接的信息获取办法就是"踩盘"，也就是走进对方的售楼现场，通过索取资料、与对方销售人员交流、实地看房等方法来获取竞争楼盘的资料。踩盘不仅要了解楼盘的具体情况，还要分析和学习对方销售人员的销售方法与技巧。房产销售人员要及时记录踩盘所获取的信息，填写竞争楼盘调查表，以便于进行总结和分析。

竞争楼盘调查表

调查人员＿＿＿＿＿＿＿＿＿＿＿＿＿＿＿＿＿＿　调查日期＿＿＿＿＿＿＿＿＿＿＿＿＿＿＿＿

项目名称＿＿＿＿＿＿＿＿＿＿＿＿＿＿＿＿＿＿　项目地址＿＿＿＿＿＿＿＿＿＿＿＿＿＿＿＿

项目参与单位	开发商		设计单位	
	代理销售公司		物业管理公司	
	承建商		广告企划公司	
项目进度	完工日期		交房日期	
	开盘日期		施工进度	
项目规划	占地面积		楼间距	
	总建筑面积		层高	
	绿化率		总户数	
	容积率		车位数	
	物业配套			
价格情况	起价		层差价	
	均价		物业管理费用	
	付款方式			
	按揭方案			
户型情况	户型	面积/平方米	房源数量/套	销售数量/套
	一室一厅			
	两室户型			
	三室户型			
	四室户型			
	主销户型			
项目分析	客源分析			
	项目卖点			
	项目缺陷			
	销售策略			
	借鉴意义			

情景 34 如何回答客户提问

情景模拟

客户："这套房每平方米多少钱？"

房产销售人员："每平方米是 4 500 元。"

客户："全款有什么优惠吗？"

房产销售人员："全款可以享受到九六折优惠，这套 158 平方米的房子能优惠 28 000 多元呢。"

客户："你们的价格还真是高啊，20 000 多元的优惠比起房价来还不是九牛一毛，再优惠一点不行吗？"

房产销售人员："您属于社会的精英阶层，20 000 多元对您来说不算什么，但却是工薪阶层 1 年的收入呢。对您来说，生活品质怎么样，和什么样的邻居生活在一起，对孩子成长有没有利，这才是最重要的，您说是吧？"

客户："我要是买了房，你们能保证我的孩子上××大学附属小学吗？"

房产销售人员："这是很多客户都关心的问题。我可以跟您说说 1 期业主孩子的入读情况，1 期业主有 48 户为孩子申请了××大学附属小学，成功入读的有 36 户，其他的 12 户有的是因为违反了计划生育政策，有的是因为将房子租赁出去了没有实际入住。这个附小是我们小区的对口学校，您提前申请，孩子入读名校并不困难。"

客户："那我就放心了。还有个问题，你们说是明年 3 月 1 日交房，如果到期交不了房，怎么办？"

房产销售人员："我们的合同里都有注明，逾期 90 天之内，每天的赔偿金按您已支付的房价款万分之一计算，如果超过了 90 天，将按万分之二补偿。不过您可以看看我们的施工进度，现在 2 期已经完成一半的工程量了，还有 8 个月时间，明年 3 月交房是没有困难的。您也可以了解一下我们之前做的项目，都是按时按质量交房的，××花园 1 期还是提前交房的呢。"

客户："这样还差不多。"

情景分析

客户在深入了解房产的过程中，会提出很多问题，其中有一些是比较敏感的边缘问题，例如，什么时候交房？什么时候可以拿到房产证？房款最低能优惠多少？"五通"什么时候能确保到位？等等。面对这类问题，房产销售人员如果不回答，客户对开发商及其楼盘的信心很可能会动摇；如果回答过于绝对化，一旦承诺不能兑现，就可能完全失去客户的信任。因此，房产销售人员在回答这类边缘问题时要谨慎。

错误提醒

错误提醒1： 不到最后的成交促成阶段，当客户提出打折优惠之类的问题时，如果房产销售人员含糊应对或语气不坚定，会让客户觉得还有降价的空间，这会给成交带来很大的困难。因此，在销售初期回答此类问题时，房产销售人员一定要斩钉截铁，不留余地。

客户："每平方米4 500元，不能再降了？"

房产销售人员："这个等您看过房满意了我们再来谈吧！"

错误提醒2： 回答客户提问，绝对不要夸大其词或者信口承诺，这会给最后的销售达成以及售后服务埋下巨大的隐患。

客户："我买了房，你们能保证我孩子上××附小吗？"

房产销售人员："这个绝对没问题，您放一万个心，要是孩子上不了附小您尽管来找我们。"

客户："房价全款的话，还能再优惠一点吗？"

房产销售人员："您要是今天下定的话，我可以给您一个特别的折扣，九三折。"（销售人员自作主张，公司规定的最低折扣是九五折）

技巧运用

回答客户提问的注意事项

真正有购买欲望和兴趣的客户会不断地就房子的各方面细节提出问题，房产销售人员的回答将直接影响他们的最终决策。因此，销售人员在回答客户提问时要注意以下三点。

---

1. **三思而后答**

客户提出的问题往往是他们的疑问和顾虑，房产销售人员如果随意回答，会显得轻率、不可信。三思而后答，既保证了房产销售人员有充分的思考和语言组织时间，又能体现出其对客户的尊重与重视。

2. **答复需有依据**

房产销售人员如果对客户的提问给出了明确而具体的答复，那么这个答复必须是有依据的，例如，有合同明文规定、有真实的事例，或者有具体文件可供参考，等等。有根据支撑的答复更容易赢得客户的认同与信任。

3. **答复要有弹性**

对于客户提出的敏感问题、边缘问题，房产销售人员的答复要有弹性，不能过于绝对化。"绝对没问题""我担保""您放一万个心"这一类话语要慎重使用。

销售中心一般都为房产销售人员提供了详尽的"答客问"，即将客户常问的问题及标准答复制作成册，房产销售人员在回答客户问题时应参考"答客问"，不要信口作答。

情景 35　如何面对群体客户

情 景模拟

客户李先生带着父母妻儿一家五口来到销售中心考察三居室户型，通过闲谈，房产销售人员了解到，李先生是最终做决定的人，房款主要由李先生夫妇负担，李老先生也会出一小部分。李先生非常孝顺，很在乎父母的意见，这一次买房一是为了方便孩子上学，二是为了让两位老人能有个好的养老环境。

房产销售人员："两位老人家真是好福气，三代同堂，儿子孝顺，年轻有为，媳妇漂亮，性情又好，还有一个聪明帅气的小孙子，您这才叫天伦之乐呀。"

老先生："哈哈，你真会说话。你们这套房子每平方米多少钱啊？"

房产销售人员："每平方米 4 500 元。"

老先生："什么？这么贵啊？你们这价格太离谱了！"

房产销售人员："价格确实比其他的楼盘要高一些，这里有全市面积最大的社区公园，2 000 多种花草树木装点着这片土地，还有假山、喷泉、流水、亭台，住在这里，天天亲近自然，您二老一定能安享晚年，长命百岁的，这是您儿子和儿媳妇的一片孝心啊。您做爷爷的，肯定把孙子看得比什么都重要，我们这个小区紧挨着××大学，去附小上学走路不过十分钟，在这样的人文环境下成长，您想，将来小孙子肯定会有一番大成就的，对不对?"（关键影响人物）

老先生："这样的环境对孩子确实是好的。"

房产销售人员："而且，附近的森林公园里有儿童游乐场，里面有过山车、旋转木马、滑滑梯，还有很多同龄的孩子在一起。小朋友，你喜欢这样的公园吗?"（关键影响人物）

小孩子："当然喜欢啦。"

房产销售人员："真可爱。李先生、李太太，既然是二次置业，最看重的当然是生活的品质，这里自然环境优美，人文环境也很好，不仅适合老人养老，也是孩子成长的好地方，而且，小区内大部分业主都是和您二位一样的社会精英，可以说，这是一个高素质、高品位的社区，很适合您这样幸福的五口之家。"（面面俱到，有效引导）

李先生："听起来还可以，你带我们看看房吧……"

情景分析

一般来说，不管是个人买房还是家庭置业，房子都是一项巨大的消费与投资。因此，客户往往会带上家人、朋友或者相关的专业人士一起来看房选房。这样，房产销售人员面对的就是群体客户，少则一两人，多则十来人，其中有的是主要决策者，有的是实际支付人，有的是决策影响人，有的是最终使用者，任何一位客户的意见都可能会影响购房决策。因此，房产销售人员对每一位客户都要照顾到，同时又要明确主攻的重点目标客户，做到面面俱到、有主有次。

错误提醒

如果客户是夫妻或者男女朋友，房产销售人员对其中的异性客户不能过于热情，否则很可能会引起同性客户的反感与敌意。当然，房产销售人员也不能为了避嫌而对异性客户不理不睬。

技巧运用

　　房产销售人员每天接待的客户中，有很大一部分是群体客户，即好几个人结伴来选一套房，向这类客户推介房产时，房产销售人员要注意以下几点。

> **1. 分清角色**
> 　　接待群体客户，首要工作就是分辨群体中每一个成员的角色，把决策人、支付人、影响人、使用者一一找出来，并判断每一个角色在购房决策时的分量与关键性。要分清角色，房产销售人员应该多听少说，通过客户之间的交流去推测每个人的角色。
> **2. 找准关键人物**
> 　　关键人物是指对交易达成能起到主要的推动与促成作用的客户。这个人可能是决策人，也可能是支付人，还可能是影响人或使用者。例如，一家三口来看房，父母可能都不太喜欢这个楼盘，但是孩子喜欢小区附近的游乐场和学校，那么，孩子就很可能是关键人物。
> **3. 有效引导**
> 　　群体客户最容易出现的一种状况是相互之间产生意见分歧，谁也不能说服谁，这时候房产销售人员往往被拉出来做评判，但是在这种状况下做评判是不理智的，不管房产销售人员站在哪一方，都很可能得罪另一方。因此，房产销售人员应该做的是"求同存异"，有效引导分歧的各方就某些方面达成共识，从而推介适合的房型。
> **4. 面面俱到**
> 　　房产销售人员找到关键人物后，并不意味着对其他客户可以置之不理，而应该在主攻关键人物的同时，兼顾其他客户的看法与感受，要赞美，不要让客户有被轻视的感觉。

情景 36　如何应对低调反应

情景模拟

　　客户李先生想了解3居户型，房产销售人员耐心地介绍了3居室的结构、社区环境、物业条件等，在这个过程中，李先生既不插话，也不提问，既没有欣喜认同的表情，也没有表现出不耐烦的排斥态度，房产销售人员摸不清楚客户真实的想法是什么……

应对1

房产销售人员："李先生，您一直没有说话，是不是不喜欢这种户型？您看，要不我给您介绍一下128平方米的3居室户型？"（试探提问）

客户："不用，你还是接着介绍这个158平方米的。"

房产销售人员："这么说，您还是比较倾向于这种宽敞大气的3居室户型，是吗？"（确定客户意向）

客户："嗯。"

房产销售人员："说实话，我特别佩服您这样的人，虽然不说话，但心里很有数，这大概就是'智者讷于言而敏于行'吧。我自顾自地介绍了一通，难免有遗漏的地方，您能说说对这套房的看法吗？"（以赞美来引导客户道出想法）

客户："我觉得……"

应对2

房产销售人员："李先生，我介绍了这么多，您有没有发现这套房子有一个最大的缺陷呀？"（提出悬念性问题，引起客户的兴趣）

客户："是吗？在哪里？"

房产销售人员："您可不可以先告诉我，您对这套房有什么看法？"（把握主动权）

客户："这套房还不错，就是交房太晚了，要到明年年底才能入住呢。"

房产销售人员："交房日期确实很重要，除了这个问题，您对房子还有什么意见或者看法呢？"

客户："还有两点我不太满意：一是面积太大了，而且分摊面积也有点大；二是卧室有一间是朝北的，这个朝向不太好，其他的我觉得还行。对了，刚才你说的最大缺陷到底是什么啊？"

房产销售人员："跟您说心里话，做售楼员3年了，我觉得如果一套房让客户既不觉得好，也不觉得差，那就是这套房子最大的缺陷。非常感谢您能告诉我您对这套房的看法，这样我才好为您推荐适合的户型，您买不买无所谓，但是如果我能为您找到合适的房子，这既是房子的价值，也是我的价值，您说是吧？关于您提的这几个问题，是这样的……"（以诚待人）

情景分析

一言不发，喜怒不形于色的客户是最让房产销售人员束手无策的。客户不说话，也没有任何反应，房产销售人员无从判断自己推荐的户型是否能让客户满意，这样很容易使房产销售人员失去耐心与信心，甚至对这类客户不再抱有成交的期望。因此，房产销售人员在面对反应低调的客户时，必须想方设法让客户开口，并让其透露自己的想法，然后再采取针对性的应对策略。上文第一个情景中的销售人员采取的是试探法，即换一套房来介绍，如果客户对原来的户型是感兴趣的，当然会要求房产销售人员继续讲解先前的户型；如果客户不感兴趣，那么换一套房介绍也恰好满足了客户的需求。上文第二个情景中的销售人员则是先制造一个悬念，引起客户的兴趣与好奇心，然后把握主动权，积极探询客户的想法，最后诚恳、巧妙地给出解释，这样做非但不会让客户有被忽悠的感觉，反而会让客户被销售人员的诚意所打动。

😞 错误提醒

错误提醒 1：面对客户的低调反应，房产销售人员千万不要乱了阵脚，急切地给出优惠条件，期望激起客户的兴趣或者留住客户。

房产销售人员："李先生，您一直不说话，是不是觉得价格太高啊？您有什么想法可以说出来，我们价格上还可以商量。"

房产销售人员："李先生，是不是我介绍得不好啊？我确实是今年才入行，可能讲解得不清楚，您有什么意见吗？"

错误提醒 2：反应低调的客户很容易被房产销售人员认定是没有购买意向的客户，从而轻言放弃，错过销售机会。

房产销售人员："李先生，这个户型我介绍完了，您再看看资料吧，如果您看好了，随时找我。"（转身接待其他客户）

房产销售人员："李先生，您可能还想多了解了解其他的楼盘和户型，这是我的名片，如果您看好了我们的房子，给我打电话吧！"（转身离开）

技 巧运用

客户对房产销售人员的推荐表现得很低调，可能出于以下几种原因。

客户本身习惯于保持低调，不善于主动回应，不愿意表达自己的看法

客户以冷淡的态度来掩饰其对房型的兴趣与喜好，从而扰乱房产销售人员的情绪，以便在价格谈判中取得优势地位

房产销售人员所推荐的楼盘不能激发客户的兴趣，而客户出于礼貌也没有打断销售人员

性格低调

心理战术

缺乏兴趣

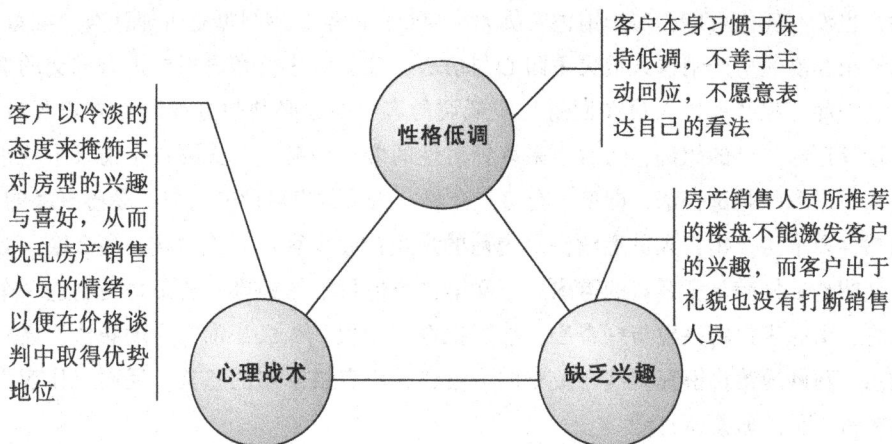

要让这类低调的客户开口并透露自己的真实想法，房产销售人员可以尝试以下这些方法。

1. 请教法——真诚地向客户请教，从简单的问题入手，以判断客户的意愿，举例如下。

"李先生，您觉得我介绍的这套房子从环境和方位上来说怎么样？"

"李先生，您对这套房子户型结构上还满意吗？"

"李先生，我看您一直不太说话，是不是我哪里介绍得不好？"

2. 试探法——换一套房子介绍，观察客户的反应，从而判断客户对原来户型的满意程度，举例如下。

"李先生，其实我们楼盘的2居室户型也很有特点，要不我给您介绍一下这套301的2居室户型？"

"李先生，您一直不说话，大概不太看好301这套3居室户型，您看要不要我介绍一下801的这套3居室户型？"

3. 悬念法——提出一个带有悬念的问题，让客户出乎意料，从而激发客户的兴趣和好奇心，举例如下。

房产销售人员："李先生，其实这套房很多客户都喜欢，但最后都没买下来。"

客户："为什么啊？"

房产销售人员："因为这套房比其他同类型的房每平方米要贵300多元。"

客户："为什么会贵300多元？"

房产销售人员："您看，这套房的朝向，一面是森林公园，一面是××大学，而且这个楼层不高不低，是俯瞰公园和大学风景的最佳位置，每天早晨，您可以从3个

豪华观景窗口看到红日东升，满屋子都是灿烂的阳光，那种景观真是美不胜收啊！"

第3节 带客看房

情景 37 看房要做足准备工作

情 景模拟

客户李先生参观了售楼现场后，与房产销售人员小王约定第二天带妻子一起去实地考察楼盘，小王预先规划好了路线，准备好了介绍时需要用到的资料和工具，提前到达约定地点，但客户却没有按时出现，于是小王给李先生打电话询问。

房产销售人员："李先生，您好，我是××花园的置业顾问小王，跟您约好上午 10 点看房的，您现在到哪里了？"

客户："我到了，在停车呢。"

房产销售人员："好的，您从停车场左拐就能看到小区的东门，我在这里等您。"

（李先生和妻子张女士到达后，小王领着他们向楼盘走去）

房产销售人员："李先生、张姐，请戴好安全帽。"

客户："里面还在施工吗？"

房产销售人员："是的，我们这次是准现房销售，楼盘主体已经基本封顶完工，现在正在建设的是小区的一些配套设施。"

房产销售人员："二位靠这边走，昨天下过雨，那边的路有些滑。"

客户："好的，谢谢。我们今天看的是哪几套房啊？"

房产销售人员："按照上一次您在销售中心看好的户型，我们今天来看看 3 套房，分别是 503、1202 和 902。"

情 景分析

上述情景中，房产销售人员提前达到约定地点，告知客户行走路线，请客户戴好安全帽，提醒客户注意路面湿滑，准确告诉客户要看的 3 套房。整个过程可圈可点、井井有条，这样的销售人员能不给客户留下好印象吗？

客户要求看房，说明客户已经有了购房的兴趣，如果房产销售人员能够在看房过程中将楼盘与房子精彩地呈现出来，客户很有可能会当场做出购买决定，而要达到这样的效果，房产销售人员必须在看房前做好充分的准备工作，这包括参观线路的安排、具体房源的匹配、销售工具的准备等。同时，在带领客户参观的过程中，房产销售人员也要注重细节，礼仪礼节要做到位，从细微处展现公司及销售人员自身良好的风貌与素质。

😦 错误提醒

错误提醒：看房准备工作的"四不要"

1. 不要迟到。客户很难信任一个不守时的房产销售人员。

2. 不要忽视销售工具的力量。例如，一把卷尺实地测量出的数据比房产销售人员的一堆说辞更有说服力。

3. 不要给客户准备太多房源。客户看的房越多，就会越疲惫，也越容易陷入不停的比较权衡之中，越难以下决心。

4. 不要忽视客户的人身安全。不管是期房还是准现房，楼盘施工总会存在很多安全隐患，房产销售人员不要忘记严格做好防护工作，并时刻提醒客户注意安全。

技 巧运用

看房前的准备工作

为了向客户展示楼盘和房子的最佳面貌，增加销售成功的机会，房产销售人员在带领客户看房之前要做好以下准备工作。

1. 精选匹配的房源

（1）**契合需求**：每一位客户对房屋的类型、档次、环境、价格等属性都有不一样的需求，房产销售人员应从客户的利益出发，根据客户的现实情况和购房需求来精选与其合适的、匹配的房源，而不是盲目推荐自己认为不错的或者提成佣金高的房子。

（2）**控制数量**：选择两三套房子供客户参观，不要一次性介绍太多的房源，客户会在反复的比较中难以做出选择。

（3）**层次错落**：供客户实地参观的房子要有差异性，例如不同的楼层、不同的朝向、不同的价位等，有层次和档次上的差距，才能让客户迅速锁定目标户型，也便于客户快速地做出选择。

2. 规划好参观事宜

（1）安排参观路线

房产销售人员带领客户看房应该尽量选择这样的路线：景观好、路况好、安全系数高、能充分展现对客户有价值的楼盘卖点，不要选择泥泞、脏乱、危险的线路。

（2）把握参观时机

在不同的天气或者不同的时间段里，同一套房的采光、景观、通透性等会有所区别，房产销售人员要把握恰当的时机，让客户获得最好的体验，例如：雨天尽量不看房（道路泥泞，室内光线不佳）；单面朝西或者朝北的房子适合早上或者中午看（采光较好）；朝东的房子适合早上看（早上日出的景象能让房子增色不少）；顶楼的房子适合早上看（早上人的精力较为旺盛，爬顶楼不容易感到累）。

（3）设计参观顺序

房产销售人员还应事先设计好参观顺序，以帮助客户尽快做出决定，缩短销售进程。下表中有三个参观顺序方案，房产销售人员可以根据户型和客户的需求等因素选择使用。

参观顺序	优点	缺陷及应对
差→好	先看条件差的房，再看条件好的房，让客户感受到明显的差距，从而做出选择	客户看完条件好的房，难免还会期待条件更好的房，这样可能会推迟做出决定。房产销售人员需要暗示客户不存在更好的房源，并刺激客户及时下定
好→差	先看条件好的房，再看条件差的房，客户比较之下对"好房"的好感会更强烈	客户可能会因为所看的房越来越差而受到打击。房产销售人员需要加强对比，用较差的房来衬托出较好的房
中→好→差	先看条件一般的房，再看条件好的房，最后看一套条件差的房，让客户可以全面地对比，最后客户自然会选择条件好的房	看完前两套房，客户可能会期待更好的房，但实际看到的是更差的房，情绪上会受影响。房产销售人员可以将三套房的优势和劣势一一摆明，从而凸显出好房的优势

3. 准备好销售工具

准备好销售工具，并灵活加以运用，能大大提高房产销售人员的工作效率，也能提升销售人员的专业形象。房产销售人员带客户看房时，工作包里应该备有常用的销售工具和一个资料齐全的文件夹，如下表所示。包内物品务必放置妥当有序，以免急用时翻来覆去地寻找，给客户留下办事不细致的印象。

常用工具	名片（足量，方便随时寻找目标客户）	计算器（方便计算房屋面积、银行按揭款等）
	手机（电量充足，方便客户随时联络）	地图（明确楼盘和房子的方位）
	笔记本（随时做记录）	卷尺（方便实地测量，极具可信度）
	两支以上的笔（中高档，可备用）	相机（拍照，加深客户的印象）
	客户联系簿（随时联系客户）	化妆包（方便补妆或应对突发状况）
文件夹	开发商五证两书的复印件	商品房认购协议
	内部统一说辞资料	商品房买卖合同
	楼盘的平面图、效果图、户型图	对口学校收费及入学流程
	价格表	交房标准
	按揭办理细则	房产证办理程序及费用
	银行利率表	入住流程

情景38 如何向客户介绍现房

情 景模拟

房产销售人员："李先生、张姐，1202到了，保洁刚做完清洁，地板有点滑，你们当心一些。这一栋楼是一梯两户，靠您家最近的这家业主是××大学的外语系教授，他们一家子为人很和善的。我们进屋看吧……"（好邻居也是一大卖点）

李先生："这进门的地方是玄关吧？"

房产销售人员："您真是内行，没错，有了这道玄关，从外面看里面房间就不会一览无余，这样家庭生活才有充分的私密空间。"

李先生："我们可以在这里摆个佛龛，我爸妈都很信佛。"

房产销售人员："您这个想法真不错！很多业主都是在这个位置摆鞋架子，或者是挂幅风景画，都没想到摆个佛龛，您父母一定会非常喜欢的。"（对客户的独特想法表达真诚的赞美与赞赏）

李太太："这个客厅好大啊！"

房产销售人员："张姐，您往阳台那边走一走，看一看。"（引导客户亲身体验）

李太太："这景观太美了！"

房产销售人员："是啊，这个270度的豪华观景阳台可以说是得天独厚，站在这里，森林公园的湖光山色一览无余，尽收眼底，每天下班回来，您可以抱着孩子倚在阳台的躺椅上，看夕阳西下，看万家灯火，工作的疲劳一扫而光，尽享家庭的温馨和浪漫……"（生动渲染生活场景）

李先生："阳台的风景确实非常不错，但客厅好像用不了这么大吧？"

房产销售人员："李先生，看您的性情，您肯定是个交际广泛、人缘很好的人，平时朋友们来家里玩玩，这个36平方米的大客厅不仅能给客人们提供充分的活动空间，而且它的大气和奢华一定会让朋友们羡慕不已的，您说是吧？而且客厅四四方方，这样张姐可以随意地摆设各种喜欢的家具，肯定能将客厅装点得温馨浪漫、独具品位的。"

李太太："我一定要在阳台上放一把躺椅。"

房产销售人员："我们来看看卧室吧，这个是次卧，我建议您把这个房间留给孩子用。"

李太太："有什么讲究吗？"

房产销售人员："您看，这个房间的窗台正对着××大学，孩子天天与高校相望，不论是气质还是心态上，都会得到潜移默化的影响的。李先生、张姐，你们说是不是这样？"（从客户利益出发，提出合理的建议）

李先生："这个有道理，这间房确实适合留给孩子。"

……

房产销售人员："李先生、张姐，你们觉得这套房怎么样？还有没有不满意的地方？"

情景分析

客户在参观现房或者准现房时，可以实实在在地看到房子的状况，因此房产销售人员一定要在实事求是的基础上生动形象地介绍房产，引导客户亲身体验、展开想象，客户参与得越多，体验得越深切，他们对这套房子的兴趣就越浓厚且购买欲越强烈。

错误提醒

错误提醒 1：房产销售人员切忌对房产不熟悉，当客户问起某些数据或属性时，销售人员如果给不出确切的答案，就会激起客户极大的疑心和不信任感。

客户："层高多少啊？"

房产销售人员："3 米……不对，好像是 2.8 米，您等等，我查一下……"

客户："你连层高都不确定，我怎么敢买你的房啊！"

错误提醒 2：不要虚夸楼盘，尤其是现房，客户很容易识别出房产销售人员不切实际的介绍。

房产销售人员："这套房室内格局设计得非常好，每一个房间的通透性和采光都特别棒，在其他楼盘，您肯定找不到设计这么合理的房子。"

客户："是吗？有这么好吗？那这个卫生间的门为什么正对着厨房啊？"

房产销售人员："……"

错误提醒 3：语言枯燥乏味，缺少感染力，不注意与客户的交流与互动。

房产销售人员："先生，这套房层高 2.8 米，面积是 158 平方米，这是客厅，36 平方米，有个大阳台，这是主卧室，有步入式衣帽间，带独立卫生间……"

技巧运用

方法技巧 1：带客户看房时注意礼节

带领客户实地看房的过程，最能体现出房产销售人员及其所代表的企业的真实面貌。无论是陪客户行路，还是乘坐电梯，或是与小区内人员打交道，房产销售人员都要注意以下礼节，给客户留下良好的印象。

陪同行路的礼节	随时检查自己的衣着是否整齐 走路要注意仪态，不得大摇大摆 一般并排走在客户的左侧，以表示对客户的尊重 路口、拐弯处，或者有车辆来往的路段，应用手示意 与客户边走边谈，活跃气氛

（续表）

引领的礼节	主动为客户开门，请客户先行通过
	电梯内有专人服务时，要请客户先进
	电梯无专人服务时，则自己先进，然后请客户进入
与他人打交道的礼节	遇到熟人主动打招呼
	遇到他人问路，应礼貌热情地为其指路
	遇到业主应停步问好，微笑致意

方法技巧 2：介绍现房的要点

房产销售人员向客户介绍现房时，可以从以下几个方面来加强房子对客户感官的冲击力和影响力。

1. 引导体验

让客户充分地、深入地去体验房产的特色和细节。例如，客户关心地段与交通问题，销售人员则可以带客户实地看看交通线路或楼盘周边环境；客户关心小区的配套设施，那么销售人员可以带其到业主会所，亲身参与某项活动；客户关心房子的质量与标准，销售人员便可以实地用测量工具为其做演算，或者让客户触摸门、窗、墙，检查房子的边边角角，以检验房子的建筑质量等。

2. 引导想象

把所参观的房子真真正正当成客户的"家"，引导客户去想象每一个具体的生活场景，唤起客户的拥有欲，让他们感觉自己已经是房子的主人，举例如下。

"您这套房旁边的这一家，男主人是一位很有名气的音乐家，女主人是一位教师，他们家孩子和您家的小公主一般大。"

"每天您站在这个窗口，能看着孩子放学归来。"

"您可以在阳台这儿摆一个小茶桌，再放两张藤椅，周末的时候可以坐在这里，沏杯茶，听孩子咿咿呀呀地朗读刚学会的唐诗……"

3. 引导讨论

如果客户带着家人或者朋友一起来参观，房产销售人员可以引导大家参与到某个话题的讨论中，从而加深客户对房子的印象，激发客户的兴趣。引发讨论的前提是房产销售人员对讨论的话题有足够的把控能力，不会导致客户之间的不和与争吵，举例如下。

"李先生、张姐，这么大的客厅，您打算怎么布置呢？"

"李先生、张姐，你们说，把哪个卧室留给孩子呢？"

4. 善提建议

大部分客户对房子的了解程度与专业的房产销售人员相比，总是有一些差距的，他们希望得到销售人员专业的、诚恳的建议，希望销售人员能成为他们置业上可信赖的顾问。房产销售人员应该从客户的利益与需求出发，提出中肯的专业建议，举例如下。

客户："这套房好是好，但就是缺一个小书房，我从小就想有个自己的小书房。"

房产销售人员："您看，您可以在卧室的这个角落设置一道屏风，隔出一个10平方米左右的小空间，这边添两个书柜，这样有3个好处：第一个好处是景致好，隔出的小书房正对着公园，能俯瞰秀美的山水，有这样的景色养眼，您看书或写文字都会特别有感觉；第二个好处是方便，书房在卧室里，累了可以休息，休息够了可以翻翻书，两不耽误；第三个好处就是这道屏风能让这个房间看起来更有格调，更有神秘感。您说这个想法怎么样？"

客户："到底还是你专业，我就这么办，你要是还有什么好点子，都要告诉我哦。"

5. 引荐业主

一个业主的现身说法有时能抵得上房产销售人员的千言万语。房产销售人员在带领客户参观现房时，可以让客户与准业主相互认识，交流感受。当然，引荐的业主必须是对房产和服务都持肯定态度的忠诚客户，否则会适得其反。

情景 39　如何向客户介绍期房

情 景模拟

情景1：介绍楼盘区位

房产销售人员："李先生，您看，从这个路口可以看到我们楼盘周边的情况，那个方向是地铁站，距离这里走路只需要10分钟。这条街是商业街，有中国银行、中国工商银行和交通银行，还有一个商场，购物非常方便。您现在看的方向是森林公园，步行过去大概是15分钟。"（介绍成型的周边设施）

情景2：介绍工地环境

房产销售人员："李先生，您看，这一片是施工工地。"

客户："不错，这工地很干净。"

房产销售人员："这是我们公司的规定，严格、规范的施工才能建设出高质量的精品房，您说是吧?"（从细节问题体现期房质量）

情景 3：介绍小区环境

房产销售人员："李先生，小区中央这一片地方，有 4 个足球场大，将来这里会是中心花园，这是花园的设计效果图，您看，有假山、流水，平时带着孩子来这里坐坐，不仅方便，而且赏心悦目。那边将建一座业主会馆，包括儿童活动中心、老人活动中心，还有健身馆和室内球场，您和家人可以有丰富的业余活动，老人和孩子能与同龄人多相处，不论是对健康还是对成长，都是很有好处的，您说是吧?"（紧密结合客户的需求）

情景 4：介绍具体房产

客户："8 号楼是哪栋?"

房产销售人员："您看，那边就是 8 号楼，它背靠小区中心花园，面朝森林公园，不管从哪个角度看，都是美景如画。现在这栋楼已经建设一半了，预计明年 3 月就能提前完工，现在这个 8 号楼已经只剩下 8 套精品房了。您看好的 1202 是 3 室 1 厅 1 卫的户型，158 平方米，这是效果图，主卧室朝向东南，正好面对森林公园，次卧对着的是××大学，您的邻居 1201 的业主就是这所学校的音乐系教授。"（强调火爆的销售状况，利用邻居这个销售卖点）

客户："真的吗?"

房产销售人员："当然，本来 8 号楼 502 也是 3 居室户型，但我考虑到您孩子正在学钢琴，可能与一位专业人士做邻居，对孩子会有积极的影响，所以我给您推荐 1202。您觉得怎么样?"

情景分析

期房既不同于现房，有实实在在的房子可以参观，也不同于样板房，有装饰一新的室内情景可以体验，因此，客户对期房往往会心存疑虑与担忧。针对客户的这种心理，房产销售人员在介绍期房时只有一个目的，那就是让客户对期房充满信心。一方面，房产销售人员要熟练并且详细地介绍期房的地段区位、交通状况、小区环境、配套设施、施工进度、销售状况、交房日期、价格与付款事宜等信息；另一方面，销售人员要利用可信的销售工具来佐证介绍的内容，或者抓住细节来增强客户对期房的信心，提升其购买欲望。

错误提醒

错误提醒1：客户出于对期房的担忧和疑虑，往往会对某些细节问题刨根问底，或者要求反复查看工地现场等，对这些问题和要求，房产销售人员要耐心、细心地应对，不能表现出不耐烦的情绪。

错误提醒2：期房虽然没有实实在在的现房可以供客户参观，但房产销售人员绝对不能利用这一点对楼盘或者房产进行大肆的宣扬与虚构，这会严重影响后续的交房工作。

技巧运用

方法技巧1：介绍期房的要点

房产销售人员要想让客户对看不到实物的期房有充足的信心，并激发其强烈的购买欲望，在引领客户参观与具体介绍时必须注意以下三个要点。

1. 细致

细致是指对于客户关心的问题，从楼盘的大体外部环境，到小区内部环境，再到具体的户型信息，以及付款、交房事宜，房产销售人员都要细致耐心地一一说明，并询问客户的意见与想法。介绍期房一般包括以下内容。

介绍要点	具体内容
企业资质	开发商、设计单位、承建单位、物业管理公司的实力、品牌及信誉等
楼盘区位	楼盘地段、市政规划、交通状况、周边的配套设施及场所等
施工状况	工地的规范化管理、施工进度、交房日期、按时交房的保证因素等
小区环境	绿化设施、小区配套设施、建筑密度、物业管理等
具体户型	客户意向户型的位置、朝向、景观、面积、格局、建筑装潢、邻里、销售情况等
价格与付款	单价、总价、折扣、促销优惠、付款方式、按揭方案等

2. 可信

客户选购期房最难跨越的一个障碍就是信任——房子能否按时交付，交付时是否与购买时的介绍一致，允诺的配套设施与设备能否到位等。房产销售人员的简单介绍并不能完全消除客户的疑虑，因此，销售人员应充分运用销售工具，增加介绍的可信度。此外，期房正在建设中，无论销售人员形容得多么生动，对客户来说还是很抽象的，而销售工具能带来视觉效果，可以让销售人员的解说更为形象具体，从而加深客户的印象。常用的辅助介绍工具有模型、图片、证明性文件、楼书、广告视频等。

3. 契合

契合的含义是指房产销售人员介绍期房时的侧重点及方式方法应该以客户的需求为导向，与客户的需求相契合，例如，客户选房看重的是便利性，那么销售人员可以带他们实地考察交通线路，走访附近的配套场所，如菜市场、银行、超市、餐饮店等；客户如果注重子女教育，销售人员则可以带他们去看看附近的学校，并侧重介绍该校的升学情况及入学手续与费用等；如果客户买房是为了投资，销售人员可以介绍详细的市政规划，带客户参观附近的写字楼、商业圈等，以证实房子的升值潜力等。这样的介绍方式能够精准"命中"客户的需求，更可信、更实在、更能激发客户的购买欲望。

方法技巧 2：关注客户的反应

不管房产销售人员带客户参观的是现房还是样板房，或是期房工地，最终的目的都是为了销售，因此参观介绍完毕后，销售人员要适时询问客户的感觉及想法，根据客户的接受程度与看法及时调整介绍的方法和内容。只有随时关注客户反应，与客户保持良好的互动，才能及时准确地捕捉到每一个成交机会。

情景 40 如何向客户介绍样板房

情 景模拟

房产销售人员："李先生、张姐，这里就是我们 3 居室户型的样板房，来，请您套上鞋套吧……"

李太太："你们这个样板房装修得太漂亮了！"

李先生："这肯定是花大价钱搞的装修，能不漂亮吗！"

房产销售人员："李先生、张姐，这边请，我们来看看主卧室吧……"

李太太："这么大的阳台，景色真美啊！"

房产销售人员："是的，您的这个主卧室是东南朝向，阳光充足，特别是这个

270度的豪华观景阳台，早晨起床，可以看红日东升，可以饱览森林公园的湖光山色，每天都从这样的美景中醒来，一整天的心情都会是欢快的。"（引导想象）

李太太："真不错，我要在这里摆一个榻榻米，可以坐，可以躺，还可以对着阳光练瑜伽。"

房产销售人员："张姐，您这个想法非常不错！光是想想就让人很向往呢。看您的气质这么好，肯定有不少漂亮的衣服，我们来看看您的步入式衣帽间吧。您看，这里面有两组高柜，两组矮柜，还有一个玻璃橱窗，您的裙子、套装可以挂在高柜那儿，鞋子可以放在矮柜这里，首饰饰品可以摆在橱窗里，这样的衣帽间几乎是每一位女士的梦想，您的闺蜜一定会非常羡慕的。怎么样，喜欢吗？"（赞美客户的设计想法，引导体验）

李太太："这个设计得真好啊！老李，我们以后的衣帽间也要做成这样的。"

李先生："行，没问题。这个房间带着独立卫生间，是很方便，但房间里空气会受影响吧？"

房产销售人员："这个我们考虑到了，卫生间里有排风设备，而且是明窗，通风透气没有问题，不会给房间带来异味。"

李先生："这样不错。交房的时候，我拿到的房和这个样板房会是一模一样的吗？"

房产销售人员："室内面积、户型格局、朝向都会在合同里具体写明，和样板房是一样的，但是，您也考察过这么多楼盘，看过很多样板间了，有一点我不能瞒您，我们这个样板间里摆放的家具都是按照房间尺寸特地定制的，所以效果才会这么好，您在装修的时候也可以考虑这一点。不过您看起来就是精明干练的人，而且张姐又有这么好的审美观，你们装修出来的房子没准会比我们的样板间还要漂亮呢！"（谨慎回答，指出不足，赞美客户，淡化问题）

李太太："新房子要是有这样板房一半漂亮就好了。"

情景分析

样板间不是现房，是开发商为了让客户更直观、更形象地了解自己将要购买的户型而设计的模板间。客户对室内设计和摆设的想法与开发商的相比，或多或少都会有一些差异，因此，在参观样板房时，客户如果对某些布置提出批评甚至表示不满，房产销售人员应以包容的态度来对待；客户如果依照自己的想法提出某些创意或者改进意见，房产销售人员要给予真诚的赞美。看房过程中，房产销售人员应该让客户充分地去体验、去想象，让他们把样板房当成未来的新家，爱不释手。需要注意的是，房产销售人员带客户看样板房时，往往避不开的一个问题就是："将来实际收到的房和样板房会不会是一样的？"对于这个问题，销售人员一定要谨慎回答，没有十足的把握不要给予绝对的答复，要学会巧妙地淡化甚至是完全转移话题。

☹ **错误提醒**

错误提醒 1：房产销售人员要时刻注意礼仪礼节，如果客户在样板房内吸烟，或者把玩、挪动房间内的样品，房产销售人员不要大惊小怪，或是高声喝止，而应该礼貌地提醒客户。

客户："你们这个装饰的花瓶不错啊，我看看……"

房产销售人员："哎呀，李先生，快放下，那个花瓶很名贵的，是不让碰的！"（错误的做法）

房产销售人员："李先生，非常抱歉，这个样品容易碎，怕伤到您，所以不让动。我们来看看客厅吧……"（正确的做法，巧妙解释，以关心客户的安全为理由，客户会乐于接受）

错误提醒 2：客户针对样板房提出批评或不满时，房产销售人员不要针锋相对地展开辩解或驳斥，对销售没有直接影响的问题，房产销售人员可以保持微笑，将话题转移到样板房的卖点上；对销售有直接影响的问题，房产销售人员可以用委婉的方式来予以解释。

客户："这个样板房设计得太不合理了，哪有卧室靠厨房这么近的啊！"

房产销售人员："李先生，您观察得真仔细。这厨房和卧室确实挨得近，很可能会给卧室带去油烟，您是不是担心这个？"

客户："嗯。"

房产销售人员："您看看我们厨房的设计就不会有这个担忧了，厨房有两个对流窗口，完全能保证空气流通，在入口处设一道磨砂玻璃的推拉门，既美观，又能有效地隔绝油烟，您说是吧？"

㊫ **巧运用**

方法技巧 1：介绍样板房的要点

参观样板房的目的是让客户通过身临其境的体验，提升其购买欲望。介绍样板房，就是要让客户把样板房当成自己的房子，加强客户的归属感和拥有欲。带领客户实地参观时，房产销售人员要注意以下要点。

1. 理解、包容客户的批评和意见

客户能够表达意见与批评是好事情，这说明他们在用心地考察房子，在仔细地权衡比较，说明他们对房子是有兴趣的。因此，对客户正面的评价，房产销售人员要积极回应；对客户负面的评价，销售人员也要理解、包容。

2. 充分引导客户的体验和想象

在条件允许的情况下，房产销售人员应让客户充分地接触房间内的摆设与家具，并把客户当成房子的真正主人，引导他们去想象一个个生活场景，让客户对房子的好感与购买欲不断升级。

3. 真诚赞美客户的想法与设计

客户对样板房内的设计与摆设提出自己的想法，这表示他们已经开始融入这套房子，此时，房产销售人员应该及时地做出反应，对客户的想法与建议表示真诚的赞美与认同，这种回应会让客户更加确认自己就是房子的主人，从而更加有力地激发客户的购买欲。

4. 谨慎回应客户的担心与顾虑

客户参观完样板房，最担心和最关心的就是自己将来拿到的房子是不是会和样板房一模一样，在这个问题上，建议房产销售人员实事求是地回答。例如，样板房选用的家具或者电器是否属于特别定制的，样板房的面积与层高是否有偏差，样板房在摆设家具时是否考虑了水、电、煤气管道等。客户考察的楼盘越多，对样板房的设计也会有所了解，销售人员的诚恳与诚实不仅不会让客户失望，反而会赢得客户更多的信任。

方法技巧 2：男性女性客户不同的接待技巧

一般来说，由于男性客户和女性客户的需求不一样，因此他们在看房时的关注点也不一样，房产销售人员在介绍楼盘时使用的方法与讲述的重点也要有所区别。

	男性客户		女性客户	
需求侧重	交通方便 升值潜力	房屋质量保证 小区档次与品位	生活便利 子女教育	小区环境 安全舒适

（续表）

	男性客户	女性客户
关注重点	价格（单价、总价、装修费用、入住费用等） 付款方式，每月供款是否可承受 重视实地看房，关注性能指标（容积率、得房率、绿化率、面积、户型、建筑质量等） 资质资格（五证两书，参与单位的资质）	小区环境（绿化、配套设施、景观、安全设施、邻里关系等） 周边配套设施（菜市场、商场、学校、医院等） 房子（室内装修、外观、房间功能、室内摆设、赠送物品等）
房产销售人员的应对方法	赞美客户选的专业、品位及其事业 分析性价比及房产升值潜力 使用具体的数据或借助可视、可信的销售工具来介绍房子	赞美客户的审美观、持家能力、外貌、气质、衣着搭配 谈论客户的孩子与家庭 生动形象地描述每个房间的功能，引导客户想象具体的生活场景 与客户讨论室内设计、摆设、家具等

情景41　如何巧妙应对楼盘缺陷

情 景模拟

客户："你们这楼盘位置太偏了，离市区得个把小时车程呢。"（缺陷一：位置偏）

房产销售人员："李先生，虽然我们离市区确实远了一点，但孩子上学却很方便。您看，紧靠我们楼盘的就是全市最好的一所双语教学学校，有小学部和中学部，您孩子从家到学校步行只需要10分钟，而且不用过马路，安全。"（回归需求）

客户："嗯，这我很满意，但是这套房朝向不太好，冬不暖夏不凉的，住着不

舒服。"（缺陷二：朝向不理想）

房产销售人员："确实有一间卧室的朝向不太理想，要安上空调就好了。李先生，您猜过去两年咱们省的高考状元出自哪所学校？"

客户："哪所？"

房产销售人员："就是这所双语学校。去年最出色的一个毕业班30个学生中有25个考上了重点本科呢。"（回归需求）

客户："真的吗？那真了不起。要是这套房价格便宜点就好了，你们楼盘比起其他楼盘来，每平方米价格整整贵了五六百元呢。"（缺陷三：价格偏高）

房产销售人员："看来您对这一带楼盘非常了解，我们的价格是要贵一点。对了，李先生，我跟您提起过去年的高考状元，他们家的新房也在您这栋楼。"

客户："真的？就是那个英语考满分的考生？"

房产销售人员："对呀，他已经出国读书了，他父母刚在我们这里买了房，很多业主在小区内碰到这两位家长，总会和他们谈谈孩子的教育呢。"（回归需求）

客户："嗯，我孩子要是能有这样的成绩就好了。"

房产销售人员："李先生，您是一位开明的好父亲，有您的监督，有这样的好学校来培养，我相信您孩子必定会前程似锦的。要是将来您的孩子也出国深造，您希望他去哪个国家呢？"（引导想象）

客户："要真有这么一天，我当然会尊重孩子的选择。"

情景分析

十全十美的楼盘是不可能存在的，有购买意向的客户在参观现房时往往会不断地挑剔楼盘或户型的种种缺陷。房产销售人员应对这种状况最有效的办法就是回归客户的需求，不论客户指出什么样的缺陷——朝向不合理、地段太偏僻、价格太贵、房子不好看、绿化不到位等，销售人员都应该绕开这些缺陷，直击客户的主导需求，让客户一次次地体验到其最关注的利益与价值，自然而然地淡化甚至消除楼盘缺陷的影响。

错误提醒

据理力争，或者刻意地掩饰缺陷都是不可取的做法，房产销售人员即使辩赢了客户，往往也会痛失订单。

客户："这套房的窗子跟对面的楼相距这么近，哪还有什么隐私可言啊？"

房产销售人员："李先生，这个是没办法的，市中心的地段您也知道，那是寸土寸金，像我们这样的楼间距还算是很不错的，××楼盘甚至是楼贴着楼呢，您在这里拉一道窗帘就没有问题了。"

客户："我成天拉着窗帘，还要不要见阳光啊！"

技 巧运用

楼盘缺陷应对方法

在参观考察现场的过程中，客户指出楼盘的缺陷，或者提出意见与问题，并不代表他们不再看好这个楼盘；相反，这表明客户已经开始认真地考虑并比较楼盘的优缺点，瑕不掩瑜，房产销售人员只要处理得当，就很可能促成销售。应对这一状况，房产销售人员可以采取以下方法。

1. 避虚就实，回归需求

楼盘难免有缺陷，而客户在初步了解之后仍然有兴趣参观现场，说明楼盘有吸引他们的地方，能够满足他们的某种主导需求。因此，应对楼盘缺陷最有效的方法就是淡化缺陷，而把重点放在楼盘最吸引客户的卖点上，放在客户的主导需求上，放在客户最关心的利益和价值上。这就是避虚就实，回归需求，上文的情景中运用的就是这一方法。

2. 负正法则，凸显优势

事物都有两面性，楼盘在某方面有缺陷，同样也会存在这方面的优点，先说缺陷，还是先说优点，次序不同的表达方法最终起到的效果是不一样的，例如，客户指出了楼盘存在地段偏的缺陷，房产销售人员可以比较以下这两种说法。

（1）"我们这个楼盘环境非常优美，紧靠全市规模最大的森林公园，小区内又建设有江南风情的山水花园，就是地段偏了一些，离市区比较远。"

（2）"我们这个楼盘地段有一点偏，正是因为远离了市区的喧嚣，才会有这么秀美的森林公园为伴，才会有这么绝美的人工湖和江南风景。以您的实力，在市区买房是完全不成问题的，但是只有在这里，才有宁静、清幽，才能与家人一起享受有品质、有品位的生活，您说是不是？"

第一种说法先介绍优点，最后再承认缺陷，这样客户记住的是缺陷；第二种说法先承认缺陷，然后生动而详细地介绍优点，这样给客户留下最深印象的是楼盘的优点。因此，在讲到楼盘的缺陷问题时，房产销售人员要先说缺点，再重点阐述优点，这叫"负正法则"，是一种淡化劣势、强化优势的好方法。

情景42　如何让客户回销售中心

情 景模拟

应对1：为客户提供更多有用的信息与资料

房产销售人员："李先生，样板房的整体情况就是这样的，我们为了方便业主装修，精心准备了8套室内装修设计方案，这个样板房只是采取了其中一种设计，我们回销售中心，我给您看看其他7套方案的效果图，您一定会喜欢的。"

客户："好啊，去看看。"

应对2：以客户留存物品为契机

房产销售人员："李先生、张姐，1202这套房您考察了一遍，觉得怎么样呢？"

客户："嗯，我们回去再想想。"

房产销售人员："好的，没问题。对了，张姐，您的手套和围巾还放在销售中心呢。我们回去取吧。"

应对3：为客户提供更多房源选择

房产销售人员："李先生，工地上灰尘比较多，我们回销售中心吧，您不喜欢1202的朝向没有关系，我可以给您找找朝向理想的房子。"

客户："好吧……"

情 景分析

客户在参观现场后，最理想的结果是非常满意地当场签单，但是更可能的情况是对房子存在疑虑或担忧，短时间内难以做出购买决定，这时客户往往会以"我再想想""我明天答复你"之类的理由来搪塞销售人员，那么，房产销售人员如何才能把客户请回销售中心呢？在上文的情景中，房产销售人员就是以为客户提供更多的信息资料或房源来吸引客户回到销售中心，从而争取到更多与客户面对面沟通的时间和机会，这样有利于房产销售人员及时发现问题，调整销售策略，最大限度地促进销售的达成。

错误提醒

错误提醒 1：房产销售人员要清楚这一点：客户能够实地考察，说明其有购买的打算，而一旦客户离开，就很可能走进其他楼盘，变数是非常大的。因此，参观完毕，要尽量把客户请回销售中心，配合销售现场的气氛来促使交易的达成，不要轻易让客户离去。例如下面的做法就是消极的，不利于销售。

客户："这套房我觉得还行，我回去再好好想一想，明天联络你。"

房产销售人员："好吧，您再想想，这是我的名片，您决定好了给我打电话吧。"

错误提醒 2：客户参观完毕后，如果确有急事要离开，或者经过房产销售人员再三挽留仍不愿意回销售中心，那么房产销售人员也不能强留客户，应该礼貌地送客户离开，并在一两天内主动电话联系客户，询问客户的意向。

技巧运用

房产销售人员带客户参观现场后，要想将客户请回销售中心继续进行洽谈和促成，就必须针对客户的实际情况，提出一个能带给客户利益，并足以吸引对方的理由，常用的方法有以下几种。

1. 带领客户参观前，房产销售人员可以提示客户将非贵重物品存放在销售中心，这样在参观之后可以顺理成章地带客户回到销售现场。

2. 针对客户在参观中表露出来的兴趣点与关注点，房产销售人员可以提出销售中心有更多对客户有利、有用的信息、资料、物件等，从而引导客户回到现场。例如，客户参观样板房时提到很想有个书房，房产销售人员则可以说："我们有一套房设计有专门的书房，销售中心有这种户型的模型和效果图，我们回去看看好吗？"或者说："这套样板房我们一共做了八套室内设计方案，正好有一套方案是有独立的书房设计的，我带您回去看看好吗？"

3. 如果客户对房子比较满意，只是在价格上有些犹豫，房产销售人员可以提议回销售中心为客户列出详细的付款方案及费用明细，或者请客户回销售现场了解促销优惠方案。房产销售人员可以这么说："我们回销售中心，我给您算算详细的费用吧。"或者说："我们开盘推出了三种优惠方案，您跟我回销售中心，我给您详细介绍介绍吧。"

4. 从关心客户的角度出发，邀请客户回销售现场。房产销售人员可以这样说："今天天气太热了，您走了这么长路，累了吧，我们回销售中心歇一歇吧，那里提供了水果和冷饮。"或者这样说："大姐，您穿高跟鞋，脚痛不痛啊？我们回销售中心坐一坐吧。"

情景 43 如何进行第一次逼定

情 景模拟

情景 1：客户对一套现房比较满意，但是觉得价格偏高，正在犹豫中。这时，房产销售人员的同事小刘带着另一位客户也来到这套房前……

房产销售人员："小刘，我正在带李先生看这套房呢，怎么你也过来了？"

同事小刘："哦，我这位老客户赵姐很想看看3居室户型，她孩子就在对面的附小上学，这栋楼是离学校最近的，从阳台就能看到校园，赵姐看了效果图很喜欢，我查了这套房没有客户预订，所以就带赵姐来看看。"

房产销售人员："李先生，您看，要不我们下楼吧？"

客户："小王，我都看好这套房了，怎么你同事还带人来看房呢？"

房产销售人员："李先生，就让赵姐看看房吧，她不一定就会预订下来啊。"

客户："是不是我定下了，其他人就不能看这套房了？"

房产销售人员："客户下了定金之后，我们就不能向别的客户介绍了，3天之后，如果没有签约才能向其他客户介绍。"

客户："行，我给家里打个电话，等一会儿啊……"

情景 2：客户看完两套房后，一言不发，陷入沉思中……

房产销售人员："李先生，我们今天看的两套房，哪套房您比较满意呢？"

客户："还是1202比较好。"

房产销售人员："对，1202不仅有出色的景致，更重要的是，对您孩子来说，这里有最好的成长环境。您说是吧？"

客户："那这样吧，我回家和家里人说一下，明天过来交定金。"

房产销售人员："李先生，您也看到了，刚已经来了两拨客户看这套房了，这样的户型非常受欢迎，整个小区只有10多套，很多客户都特地带着孩子来看这套房，现在只剩下几套房了，您如果真的喜欢，为什么不现在定下来呢，这样，我们就能为您保留这套房，其他客户即使再喜欢也没办法拥有了。"

客户："我没带那么多钱，钱包里一共才 800 元。"

房产销售人员："这样吧，我去问一下经理，看能不能让您少交一点现金，先把房子定下来……"

情景分析

房产销售人员带领客户参观现场后，如果客户有一定的意向，那就应该及时把握机会，试探客户的意愿，主动建议客户购买。在情景 1 中，当客户发现房子很抢手时，同时客户对房子很中意，一般都会快速地做出反应；在情景 2 中，房产销售人员向客户重述房子的主要卖点，提示销售的火爆程度，讲明紧缺的剩余房源，从多个角度来体现房子的价值与稀缺性，让客户有强烈的紧迫感，从而下定决心购买。当然，即便房产销售人员的逼定没有达到下定的目的，也会让客户将心里的担忧与疑虑吐露出来，只要处理好这些异议和疑虑，销售仍然有可能达成。

错误提醒

房产销售人员要善于关注客户的反应，一旦发现客户对参观的房子比较满意，就不要放过促成销售的机会。

客户："这套房的环境和条件这么好，是不是销售得很火啊？就刚才这一会儿都有两拨人来看了。"

房产销售人员："没错，确实销售得很好。"（忽视客户明显的好感，错失成交机会）

技巧运用

方法技巧 1：客户买房的四个心理阶段

客户在看房选房时，往往都会经历以下四个心理阶段：排斥期、兴奋期、犹豫期和极度兴奋期。房产销售人员要通过客户情绪、语言、行为上的微妙变化来判断他们所处的心理阶段。当客户处于兴奋期或极度兴奋期的时候，就是促成销售的最佳时期。

客户心理阶段	心理状态描述	房产销售人员的工作重点
排斥期	开始接触，客户对房产销售人员可能有一定的排斥和戒备心理，对楼盘和房子往往抱着挑毛病的心态	建立好感，探询客户的真实需求，推荐适合的楼盘和户型
兴奋期	与房产销售人员建立基本的信任与好感，对楼盘和房子有了较深入的认识和体验，产生强烈的兴趣与意向	带领客户参观现场，引导体验和想象，适时逼定
犹豫期	了解加深，进入实质性权衡比较阶段，心态趋于理智，对楼盘和房子的某些方面产生担忧和疑虑，犹豫不决	引导客户表露真实的异议和拒绝的理由，并及时、彻底地消除疑虑
极度兴奋期	担忧与疑虑得以及时有效地消除，对楼盘与房子的好感进一步增强，有强烈的压力和紧迫感，急于得到理想的房子	重复卖点，强调利益与价值，制造紧迫感与压力，利用促销优惠及时促成销售

方法技巧 2：第一次逼定的方法

逼定就是"逼"客户交定金，"逼"不是指强人所难，强买强卖，而是指在客户有一定意向和意愿的前提下，房产销售人员把握时机，主动建议或促使客户购买。在参观现场后，客户对房子有了实地的考察与深刻的认识，比较满意的时候，是第一次逼定的良好时机。逼定常用的方法有以下两种。

1. 正面进攻

客户买房最终关注的还是房子和利益，房产销售人员可以反复强调楼盘和房子的卖点与价值，强调客户能得到的利益，从而达到逼定的目的

2. 竞争者

客户如果对房子比较满意，那么竞争者的出现往往会使他们的意向和好感更加强烈。

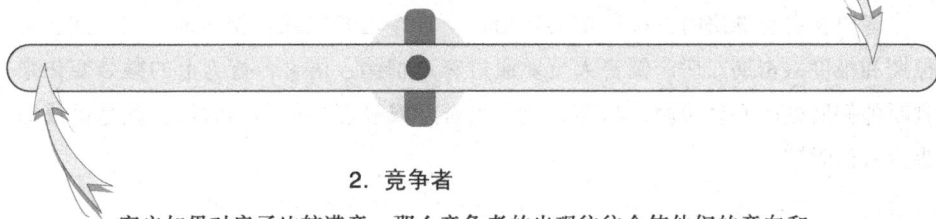

Chapter 4

第4章

消疑虑：怎么排除，怎么化解

拒绝和异议是客户在选房购房过程中最常见的抗拒行为，它们存在于见面交谈、初步接触、户型推荐、实地参观以及销售促成等环节中。如果房产销售人员能够巧妙地识别、处理并消除客户的异议、疑虑与担忧，那么客户的购买信心和欲望就会大大增加，最终促使客户做出购买决策。

第1节　拒绝应该这样除

情景44　这房子我不是很喜欢

情景模拟

客户："这套房子我不太想要。"（模糊不清的拒绝理由）

房产销售人员："为什么呢？"（一探"为什么"）

客户："我不怎么喜欢。"

房产销售人员："您能说说为什么吗，哪些地方您不满意呢？"（二探"为什么"）

客户："这一带交通不方便。"

房产销售人员："我刚刚带您看过这一带的交通线路，最近的公交车站确实要走10多分钟才能到，但是市政规划的地铁已经在建设中，离您这栋楼只有10分钟路程，既不会被地铁噪声吵到，又很方便，您说呢？"（解决疑虑，判断异议真假）

客户："这个我知道，但我还是不太喜欢。"

房产销售人员："张姐，除了交通这一点，您还有哪些顾虑？您跟我说说，没准我能帮您解决呢。"（三探"为什么"）

客户："嗯……"

房产销售人员："张姐，刚刚看房的时候，您的笑是发自内心的，我想您是喜欢这套房子的。假如我什么都没做，就被人拒绝了，您说我会不会觉得冤枉，会不会着急？"（为客户营造轻松诙谐的交谈氛围）

客户："那肯定会。"

房产销售人员："现在，您喜欢这套房，却不想要它，我现在的心情就跟被拒绝了一样，非常想知道为什么，您能不能告诉我呢？"

客户："其实，是这样的，我是个自由职业者，收入不稳定，要连续供款那么多年，我担心中间会有困难的。"（真实明确的异议与顾虑）

房产销售人员："谢谢您告诉我这些。我们一起来分析一下您的财务状况，然后看看哪种付款方式是最适合您的，好吗?"

情景分析

客户对整个楼盘或具体的户型提出异议甚至是质疑，这并不是难以应对的状况。真正麻烦的是客户不愿意吐露真实的想法，而是寻找其他的借口或说辞来搪塞销售人员。如果房产销售人员不能明确客户的真实想法，那么其在处理应对时就很难找对方向，也就很难促成销售。因此，当客户提出模糊的、不明确的异议时，房产销售人员首要的工作不是解决异议，而是用"为什么"去引导客户说出真实想法，然后再着手去解决异议。

错误提醒

面对客户的拒绝和异议，房产销售人员最忌讳的就是急躁，要么认定这个客户没希望，立马放弃，要么认为客户浪费了自己的时间，从而表现出偏激的言行。

客户："我不想要这套房。"

房产销售人员："哦，没关系，可能您不喜欢这套，那您看看还有其他房子比较中意的吗?"（不摸清客户的异议，就很难有目的地为其找到满意的房子）

房产销售人员："您怎么这样啊，我都介绍了两个小时了，刚刚看房还好好的，怎么这一会儿就不想要了? 您不是耍我吧?（暴露了销售人员的素质与水准，客户很难再接受这样的销售人员）

房产销售人员："先生，能跟我说说为什么您不想要这套房吗?"（不慌不乱，挖掘真实的异议）

技巧运用

方法技巧1：巧妙使用"为什么"

孩子一般是如何获取最初的知识的? 他们善于问"为什么"，为什么天是蓝的? 为什么太阳从东边升起? 等等。询问"为什么"是探寻未知事物的最好方式。房产销售人员在面对模糊不清的异议与拒绝时，同样要巧妙利用"为什么"来抽丝剥茧，层层深入，直到挖掘出客户的真实想法。当销售人员向客户请教"为什么"的时候，客户内心已经得到了一种被重视、被尊重的满足，因此也更乐于回答这样的提问。当然，房产销售人员不能以一连串的"为什么"来追问客户，这会让客户感到紧张，从而产生戒备心理。房产销售人员可以尝试变换发问的形式，举例如下。

"您的这个想法太特别了，您能跟我说说为什么您会这么想吗？"

"我觉得您这么说肯定是有您独特的见解的，您能说说为什么吗？"

"最近我的很多客户都这么说，可是我一直想不明白，您能跟我说说为什么吗？"

"您为什么觉得××楼盘好很多呢？我真的很想知道，这样我就能在工作中多学习、多改进。"

方法技巧 2：产生异议的原因

产生异议的原因可以从两方面来分析，如下图所示。一是源于客户自身，房产销售人员在处理这种异议时，要积极运用各种方法去化解；另一个则是来自于房产销售人员本身，这种异议则需要销售人员严格要求自己，从源头上来杜绝和预防此类问题的产生。

异议因客户而产生
- 客户拒绝改变，对新事物持本能的排斥和挑剔态度
- 客户的需求没有得到满足，因此对销售人员推荐的房子存在异议
- 客户确实存在疑虑和担忧，提出异议希望得到解决
- 客户情绪处于低谷，希望通过不断地表达来发泄情绪

异议因房产销售人员而产生
- 形象或言行举止不能令客户满意，无法建立好感
- 沟通不当，不能把握客户的问题点；介绍枯燥乏味，让客户反感

情景 45　我不太放心你们公司

情 景模拟

客户："这房是不错，但是我不太放心你们公司，这是你们在××省的第一个

项目，谁也不知道会做成什么样子。"

房产销售人员："您有这样的担心是正常的。李先生，您之前听说过我们公司吗？"（倾听理解）

客户："这个还是听过的。你们名气挺大的，我有个朋友是学建筑出身，他一直很想去你们这个公司呢。"

房产销售人员："是吗？那您朋友可以来试试呢。我们公司在房地产这个行业做了整整12年了，是全国房地产百强企业，您现在看的这个项目确实是我们进入××省的第一个项目，但是我认为，正因为如此，才更值得您选择呢。"（引起客户关注）

客户："为什么？"

房产销售人员："这是我们第一个项目，它的好与差，直接关系着我们能不能在××省继续发展，因此，我们公司十分重视这个项目，几乎把最优秀的人才都派到了这里，每一个施工细节都精益求精，每一位客户和业主我们都全心全意去服务。在这里，您能选到质量最好的房，能得到最贴心的服务。您说是不是这样的？"（异议处理）

客户："嗯，有点道理。"

房产销售人员："您现在还担心其他的事情吗？"（效果确认）

客户："这倒没有。"

房产销售人员："那您看，我给您算算这套房需要投资多少，好吧？"

情景分析

买房涉及金额巨大，而且房子是安家之本，因此客户对楼盘与房子的质量是非常重视的，在众多房地产商中，客户一般会倾向于品牌和信誉度良好，或者在本地有成功的项目运作经验的开发商。当然品牌、有成功的经验、有庞大的客户群体，这些难以面面俱到；而刚开始运作项目的企业虽然有一定风险，但是对项目质量和每一位客户也会更加关注和重视。当客户看到不利的一面时，房产销售人员要学会引导他们去发现有利的那一面，从而让客户重新树立信心。

错误提醒

房产销售人员要想达成销售，首先就要对自己所代表的企业和房产有十足的信心，否则，是不可能让客户相信房子的价值和品质的。因此，当客户提出质疑时，房产销售人员绝对不能丧失信心。

客户："你们公司一点名气都没有，成立时间也不长，我可不敢买你们的房。"

房产销售人员："对，我们确实没什么名气，成立也才几年，但是……但是我们的房子还是不错的，您看过房不是吗？"（缺乏底气，缺乏自信，会影响客户的判断）

技巧运用

异议处理的步骤与技巧

客户提出异议或拒绝时，房产销售人员可以按照以下四个步骤来处理。

第一步：倾听理解

全神贯注地倾听客户的异议，对客户的想法与观点表示尊重和理解，举例如下。

"李先生，您有这种担心我非常理解……"

"确实，我的很多客户都跟您有一样的想法……"

"您说得有道理……"

第二步：异议确认

客户的异议可能是确实存在的问题或疑虑，也有可能是为了隐藏真实想法而敷衍搪塞的借口与托词，因此，在处理异议之前首先要进行澄清和确认，举例如下。

"李先生，您能跟我说说为什么吗？"

"李先生，您的意思是不是这样的……"

"除了这一点外，您还有其他的看法和意见吗？"

"是不是解决了这个问题，您就再没有其他顾虑和担心了？"

第三步：异议处理

针对客户的真实异议做出合理的解释或者提出解决方案，及时消除客户的顾虑与质疑，为下一步促成销售排除障碍。

第四步：效果确认

异议处理后，房产销售员要及时观察和试探客户的反应，确认异议是否得到有效的解决。可以向客户发出成交邀请信号，试探成交，举例如下。

"不知道我这么说您赞不赞成?"

"您看还有其他问题吗?"

"好房子就是好家，错过了很可惜，我们今天把这套房定下来，好吗?"

"我给您算算这套房一共需要投资多少，好吗?"

情景46　这房太贵了我买不起

情 景模拟

客户："这房子价格太贵了，我买不起。"

房产销售人员："您为什么觉得这房价格贵呢?"

客户："肯定啊，你看××楼盘，也不比你们差，但是每平方米才4 000元，比你们便宜了七八百元呢。"

房产销售人员："李先生，刚刚看房的时候，给您印象最深的是什么?"

客户："那套房比普通房要高。"

房产销售人员："对。我们这个户型是挑高设计，一般的层高都是2.8米，但我们这套房的层高是4.9米，您可以把一套房隔成上下两层，一层是客厅、厨房和小卧室，二层是大卧室。这样，只花一层的钱，却得到了两层的家。您说，4 000元买一套58平方米的房和4 800元买一套100多平方米的房，哪个更划算呢?"（强调房子的利益，让数据说话）

客户："这样啊，真的能隔成两层?"

房产销售人员："是的，我们的样板房就是这样装修的，隔成两层，非常方便，又划算。"

客户："那我就放心了。"

房产销售人员："这套房您如果真的喜欢，那今天我们就把它定下来吧……"

情景分析

客户都希望买到物有所值甚至物超所值的商品，更不用说房子这样的大宗商品。因此，价格异议几乎是每一位房产销售人员在销售中都避不开的一个话题。

什么时候报价，怎么守价，怎么探客户的底价，如何议价，在必要时如何让价等，只有掌握了价格谈判的方法和技巧，房产销售人员才能在保证企业利润的同时完成销售工作。在上文的场景中，房产销售人员采取的方法是强调房子的特色与价值，并与其他同等房产进行比较，以数据说话，让客户感觉到这套房子是物超所值的，从而打消客户的价格疑虑。

错误提醒

错误提醒：当客户提出价格太高无法接受时，房产销售人员的言语、神态和动作不能有轻视的意思，否则可能会引发争吵。

客户："这房太贵了，我买不起，每平方米能再优惠一点吗？"

房产销售人员："我们这都是全市的平均价格了，这还贵啊，那您只能去郊区买房了。"

客户："你这个人怎么这么说话啊！"

技巧运用

方法技巧 1：了解客户的砍价心理

在处理客户的价格异议前，房产销售人员首先要了解以下四种客户心理。

1. 砍价表明购买意向

客户对价格越在意，砍价的态度就越坚定，说明他们对这套房越中意

2. 砍价是一种试探

客户砍价在很多时候是一种习惯性行为，或者只是为了探明底价，所以房产销售人员对原价越坚持，客户会越加相信价格是实在的，是没有降价空间的

3. 砍价是追求心理满足

客户对来之不易的东西会更加珍惜，如果房产销售人员在最后关头才给出一定优惠，客户会更加看重这种优惠，此次购房的心理满足感也越高

4. 砍价不影响购买

客户愿意支付巨额的资金来买房，说明这套房子满足了他们某方面的关键性需求，只要房产销售人员把握这个需求，让客户强烈感受到房子的利益与价值，客户就不会为了小幅的优惠折扣而放弃这种利益，所以，只要满足客户的关键性需求，客户一定会购买

方法技巧 2：价格异议的处理方法

客户喜欢不厌其烦地砍价，房产销售人员为了达成最后的销售，也必须熟练掌握各种应对砍价的方法，常见的价格异议的处理方法如下表所示。

应对方法	价格异议处理示例
利益阐述法	"我们这个楼盘位于二环和三环之间，紧靠中心商务区，周边配套设施齐全，升值空间大，您如果投资买房，这里是最好的地段，我坚信，您今天每平方米投资 4 000 元，将来会有翻倍的回报的。"
价格分解法	"我给您算一笔流水账，您就知道这个价格实不实在了。我们这个项目的地价是……拆迁费是……建安费是……配套设施投资是……管理费是……这样算下来，我们的利润点是……您看每平方米 4 000 元的价格贵吗？"
纵横比较法	"您知道我们的 1 期楼盘吧，1 期的价格是 3 500 元，2 期比 1 期整整涨了 1 000 元，等 3 期开盘价格会更高的。而且您可以看看周边的楼盘，有 3 个比我们价格高，有 1 个和我们价格一样，还有 1 个楼盘价格比我们低 200 元，但是地段不是非常理想。您放心，我们的定价绝对是合理的，不然也不可能批下来，您说是不是？"
摊牌法	"李先生，和您接触了好几次，我真把您当朋友、当大哥了，这确实是我能给您的最低价格了，如果您还觉得偏高了一些，我可以带您去别的楼盘看房子，就算做不成销售，能和您交个朋友我觉得也很值得。"

第 2 节　异议应该这样解

情景 47　我还是觉得毛坯房好

情 景模拟

客户："我还是觉得毛坯房更好一些，我可以按自己喜欢的方式来装修，那样房子才更像我的家。精装修的房就没这种感觉了。"

房产销售人员："张姐，看来您不仅非常爱自己的家，而且还相当有能力和品位，能够把一个空房子装修成一个温馨浪漫的家，确实是一件很幸福的事情，是吧？"（认同并赞美客户的想法）

客户："那当然了。"

房产销售人员："其实，我是考虑了很久，也请教了很多一期楼盘的业主，才给您推荐精装修的房子的。"（暗示自己为保证客户利益所做出的努力）

客户："是吗？真是谢谢你，你的想法是怎样的呢？"（从销售转为客户的顾问）

房产销售人员："精装修的房有四个非常明显的优点。第一，因为您和先生都是上班族，很难抽出宝贵的时间和精力放在装修这件事上，由我们来做，您就可以轻轻松松地直接入住；第二，我知道您一家的收入是相当可观的，但是孩子快上学了，开销是非常大的，现在搞一次装修至少得10万元，而我们近百套房整体装修，同样的品牌我们能拿到最优惠的价格，总体价格要便宜一半，而且材料都是我们的专业人士精挑细选的，质量有保证；第三，您请装修公司来做，出了问题处理起来非常麻烦，而由我们统一做，有问题解决起来很方便；最后一点，您肯定理解，例如，您家今天搞装修，会吵到邻居，您家装修好了，邻居再开始装修，又会吵到您，这样很容易引发矛盾，影响邻里关系，您说是不是？"（紧扣客户利益，条分缕析）

客户："你说的这些话很有道理。"

房产销售人员："您放心，精装修并不会影响您亲自装饰自己的新家，我们只是做好大体的装修工作，您完全可以利用周末的时间和家人一起装点每一个房间、每一个角落，我相信有您的打点，这套房将来会成为这个小区里最温馨的一个家。"（迎合客户期望，描绘美好景象）

客户："谢谢你，我现在也觉得精装修的房子好了。"

房产销售人员："张姐，您是打算付全款还是按揭呢？"

情景分析

房产销售人员处理客户的真实异议时，第一步不是直接解决问题，而是对客户的想法或看法表示理解和认同，这样能有效地排除客户的疑虑，为后续的异议处理营造良好的氛围。在上文的场景中，房产销售人员首先通过真诚的赞美迅速拉近了与客户的距离，然后暗示自己为保证客户利益所做的"幕后"工作和努力，这样能赢得客户更深的信任。接下来，房产销售人员以顾问的身份完全从客户利益出发，条分缕析精装修的四大优势，让客户不仅信服，而且更为信赖销售人员。最后，房产销售人员迎合客户的期望，点明精装修并不妨碍客户装饰自己的家，这样客户更容易接受精装修，此时销售人员再提出成交的建议，就能得到积极的回应。

错误提醒

当客户提出的异议或想法非常不理智，甚至是落后或是错误的时候，房产销售人员也不能直接驳斥客户。

客户："我比较喜欢毛坯房，精装修房什么都做好了，没什么意思。"

房产销售人员："真搞不懂您是怎么想的，精装修房什么都安装好了，直接入住不好吗？您为什么非要弄个费心费力还费钱的毛坯房呢？"

技巧运用

方法技巧1：从销售人员到置业顾问

房子是一笔非常大的投资，客户在进行这项消费时非常慎重。同时，因为对房地产行业缺乏深入了解，客户更需要一位能够提供专业服务的置业顾问，而不是一位普通的房产销售人员。因此，房产销售人员要想获得客户完全的信任，就必须实现自身从普通销售人员到置业顾问的提升和转变。一位"顾问型"房产销售人员应该具备以下几个条件。

1. 以客户的利益为中心

顾问型房产销售人员应该时刻关心客户的利益，在推荐房子时要充分考虑客户的需求，不能以损害客户的利益来获取业绩和佣金。

2. 具备专业知识与技能

顾问型房产销售人员应该把专业知识掌握扎实，对客户提出的问题能够有条有理地作答，能够为客户提供专业的建议与方案，举例如下。

客户："我觉得孩子的这个房间太空了。"

房产销售人员："张姐，我有个建议，您想不想听一听呢？"

客户："你说说看。"

房产销售人员："我建议您在这个房间里隔出一个小书房，摆上两个书柜，为孩子多添置一些书，即使孩子不常读，偶尔翻翻也能长很多知识。房间的墙壁我建议您刷成淡黄色，能够保护孩子的视力，而且这是一种温暖的色调，对孩子的身心健康是很有利的。"

客户："还是你专业，我就按你的建议办。"

3. 尊重客户的感受与想法

即使房产销售人员重视客户的利益，也具备专业的知识，如果在沟通中不注意尊重客户的感受与想法，也无法赢得客户的完全信赖。表达这种尊重，房产销售人员要注意用语的礼貌与礼节，要时时关注客户的反应，及时询问客户的感受，对客户的想法与观点要乐于赞美，这样的销售人员不仅能让客户信服，而且能让他们感受到愉悦和心理满足。

方法技巧 2：让客户看到销售人员的付出与诚意

试想一下，假如一位客户已经看好了一套比较满意的房，但仍然坚持要去了解了解附近的某个楼盘，A、B、C 三位销售分别做出了以下三种反应。

A 销售人员为客户指明了去往该楼盘的线路。

B 销售人员给了客户一份该楼盘的楼书和广告单，并指明去往该楼盘的路线。

C 销售人员冒着炎炎夏日亲自陪客户走访了附近他想看的所有楼盘，公正客观地评价了每一个楼盘的优缺点，并为客户建议优质的户型，还提醒客户选房过程中需要注意的事项，最后，客户在其他楼盘都没有看到中意的房，又回到了 C 销售人员的楼盘。

这三个销售人员中谁最能赢得这位客户？毫无疑问是 C 销售人员，因为 C 销售人员让客户看到了他的付出与诚意。

情景 48　再打一点折我就买了

情 景模拟

客户："你刚说全款是九六折是吧？要是再便宜一点，我就买了。"

房产销售人员："您觉得再便宜多少合适呢？"（试探客户底价）

客户："我听说附近有楼盘全款是九五折，你给我争取一下这个折扣。"

房产销售人员："李先生，抛开折扣不说，您对这房子最满意的地方在哪里呢？"（寻找关键性需求）

客户："这个小区的环境很好嘛，对孩子的成长比较好。"

　　房产销售人员："对，这个小区的业主都来自附近的大企业或者高校，选择在这里安家，主要是看重小区的环境和生活的品质，您能来这里选房看房，说明您是个追求生活品质和居住环境的人，为了孩子的健康成长您愿意做出牺牲，愿意举家搬迁，是吧？"

　　客户："嗯。"

　　房产销售人员："李先生，您想，如果一个楼盘从九六折降到九五折，再降到九四折甚至更低，这样的楼盘您还敢买吗？它的质量和档次您还敢信吗？"

　　客户："……"

　　房产销售人员："九六折比九五折多出的不过是八九千元，我知道这点钱您并不在乎，您在乎的是这个九六折是不是最低的折扣，对吧？"

　　客户："嗯，没错。"

　　房产销售人员："您放心，我可以向您保证，九六折是我们这个项目的最低折扣，如果您以后了解到哪位业主是以更低的折扣买的，我们给您双倍补偿。这个楼盘定位高端人群，是一个高品质小区，非常适合您这样的精英人士，您说是吧？"

　　客户："那就九六折吧。"

　　房产销售人员："好的，我给您算算总共需要投资多少……"

情景分析

　　客户提出打折或者优惠的要求时，房产销售人员首先需要确认的是客户对这套房子的满意程度如何，客户最喜欢房子哪个地方。如果客户非常喜欢这套房子，愿意付出几十万甚至数百万的房款，那么几千元或者几万元的优惠对客户的决策并不会产生关键性的影响。在上文的场景中，房产销售人员正是抓住了客户对房子非常满意，对高品质生活非常看重的"软肋"，向客户做出如果不是最低折扣，则双倍补偿差价的承诺，让客户吃下"定心丸"。此外，对于追求高品质生活的客户来说，真诚的、适时的赞美是非常有效的。

错误提醒

　　错误提醒1：房产销售人员给予客户的折扣应该在权限范围以内，不要超越权限许诺折扣。

　　客户："要是全款能打九五折我就买。"

房产销售人员："我最低能给您的折扣是九六折，不过，您这么有诚意，如果您今天能定下来的话，那我给您九五折。"

错误提醒 2： 即使房产销售人员确实不能给予客户更多的折扣，在拒绝客户时也要委婉。

客户："你给我九五折的话，我今天就买。"

房产销售人员："九五折是绝对不可能的，我们最低的折扣就是九六折。"

房产销售人员："什么？九五折？不可能，这个绝对不可能，我们不能赔钱赚吆喝，九六折是最低的，这个没得谈！"

技 巧运用

打折让步的方法与技巧

给客户打折让步绝非让得越多越好、越痛快越好，房产销售人员每让步一次，都会直接关系到企业的利益。为了保证企业的利益，同时提升客户对最终折让结果的满意度，房产销售人员在打折让步的过程中应注意以下事项。

1. 让步要有合理的理由，房产销售人员可以参考以下说法。

"李先生，您是我的老客户王先生介绍的，你们能这么信任我，我也不能扫您的兴，您看，我能给的折扣和优惠我全给您了，您稍等一下，我再请示一下经理，看能不能再送您点什么，好吗？"

"李先生，我跟您说实话，您可以问现场的任何一位客户，他们买房的房款都是九七折优惠，但是，您都来了 3 次了，足见您是真的喜欢这套房，我们经理同意，给您一个特殊的折扣，九五折，您看这样行吧？"

2. 让步要循序渐进，先给出较大幅度的让步，然后再给较小幅度的优惠，如果客户一而再再而三地要求更大优惠，房产销售人员必须表明态度：让步已到极限，绝对不可能再低了。举例如下。

"李先生，我刚跟经理求了半天情，说您是我朋友的亲哥哥，好歹要降一点，经理总算同意给您每平方米优惠 50 元，这价格其他客户都没拿到过，您看行吧？"

"李先生，您对价格这么在乎，说明您真的喜欢这套房，我们经理说了，您以后多给我们推荐几个朋友，我们价格上虽然没法再让步了，但是我们可以免您一年的物业管理费用，这真的是我们能给出的最大优惠了。"

"李先生，真的很抱歉，我们聊了好几次，我已经把您当大哥了，给这样的优惠确实是第一次，其他客户都没有，您如果觉得可以，我们就定下来，您如果还是觉得价格高了一点，那我们也可以做个朋友，您看呢？"

情景49 我请业内朋友来看看

情 景模拟

客户："小王，昨天我看的那套房不错，今天我特地请了一位业内朋友来帮我看看，要是没问题我今天就买了。"

房产销售人员："李先生，能给我介绍介绍吗？"

客户："这位就是赵先生，我很多朋友在买房时都请赵先生把关呢。"

房产销售人员："赵先生，非常高兴见到您。听李先生这么说，您一定相当了不起。最近我有个客户看好一套别墅，他想请一位业内人士看一看，今天遇到您，我可算是找对人了。这是我的名片，您方便多留几张名片给我吗？我好向我的客户们推荐。"

赵先生："这是我的名片，你可以随时联系我。"

情 景分析

很多客户在选房买房时往往会请业内朋友进行把关，以求买到放心的房子。当出现这种状况时，房产销售人员不要慌张。在上文情景中，房产销售人员主动要求客户介绍赵先生，并给予了真诚的赞美。

错误提醒

客户如果请来了业内朋友，房产销售人员要注意两点：第一，客户既然请来了业内朋友，就表明了其对朋友的信任，房产销售人员的过度劝说只会让客户感到不愉快；第二，不要与客户请来的朋友激辩，这只会给销售带来阻碍与困难。处理问题的关键不在于客户请来的这位业内朋友，而在于争取得到这位业内朋友的支持，让其积极推动客户做出决策。

技巧运用

房产销售人员每天要面对形形色色的客户，会遇到各种各样的难题与状况。在遇到阻碍与困难时，房产销售人员要时刻保持积极、自信的心态，只有具备了这种心态，房产销售人员才能破解一道道难题，直至达成销售。

情景50 客户看好同伴不喜欢

情 景模拟

客户李先生带着一位房地产行业的朋友赵先生一起来考察房子，李先生对房子很满意，但是赵先生却表示不看好这套房子……

房产销售人员："赵先生，您能说说这套房子哪里不太令人满意吗？"

赵先生："这套房这么普通，户型设计也没有什么独特的地方，地段也不算太好，可是价格却一点儿也不便宜，我好歹也在这个行业做了三四年了，这价格有多少水分，我一看就知道。"

房产销售人员："赵先生，如果我能通过三四年的学习，达到您这样的专业水平就好了。您刚说的确实比较实在，我们这里无论是地段还是户型都不具备太大的优势，我想，李先生来这里看房也不是因为我们的地段和户型，李先生之所以开上一个多小时的车来这里，主要是为了让孩子能在一个高档的、优质的小区里成长，希望孩子能在一所好的学校里学习，想让孩子有一群同龄的、优秀的伙伴一起玩耍，是不是这样的，李先生？"（把握客户主导需求，阐述房产利益和价值）

客户："没错，孩子快上小学了，这里有市内最好的双语学校，所以我想来这边看看。"

房产销售人员："赵先生，您看，如果您朋友的孩子能在最好的学校读书，上学放学只需要五分钟就能到家，小区里有专门的儿童活动中心，可以让他和众多同龄的小朋友玩各种游戏，周末，孩子可以和父母一起去附近的公园散散步、放放风筝，您说，这样的一个环境对孩子的成长来说是不是很好？"

赵先生："嗯……"

房产销售人员："李先生，我想将来您的孩子长大了，一定会感谢您为他选择了一个优越的成长和学习环境，当然，也会谢谢赵先生的，是不是？"

客户："没错，没错。"

房产销售人员："那我们今天就把这套房子定下来吧。"

情景分析

客户在选房购房时往往会征询行业内的某些人士或者朋友的意见，这些"参谋"提出的负面意见或评价对房产销售人员而言是一种很大的障碍。要克服参谋人员带来的障碍，甚至将他们发展为自己的同盟，房产销售人员可以从两个方面入手：一方面对参谋要多赞美，让其感受到尊重；另一方面要强调房子给客户带来的价值和利益，并得到客户的认同。

错误提醒

不管遇到什么样的困难与阻碍，房产销售人员都要时刻保持镇定、冷静，即使客户的同伴对楼盘或者房子做出再苛刻的评价，房产销售人员也要巧妙并且有礼有节地应对，不能与客户或其同伴争辩争吵，否则会为销售达成制造更大的困难，举例如下。

客户同伴："你们这套房的价格至少还可以便宜 300 元，我是做这一行的，你骗不了我。"

房产销售人员："怎么可能，您要真是内行，肯定知道附近的房价是什么水平了，我们的价格根本不算高。"

技巧运用

糖衣+炮弹

客户在选房看房时带参谋是正常现象，参谋对楼盘或者房子做出积极、正面的评价自然是最理想的状况，但很多时候他们提出的往往是负面的、不利的评价。房产销售人员要消除或遏制参谋对客户的消极影响，可以采取"糖衣+炮弹"的策略。

"糖衣"指的是与参谋建立良好的关系，赢得他们的好感与支持。这可以通过赞美或者给予实际利益来实现，举例如下。

"赵先生，您这么年轻就已经是律师事务所的合伙人啊？真令人羡慕，能凭自己的奋斗与努力取得现在的成就，您值得我好好学习。"

"赵先生，您在××房地产公司工作啊？我的几个老客户有几套二手房要放盘，不知道可不可以和您联系啊？"

"赵先生，您是做建材行业的啊？我有个客户需要采购一批材料，想找个放心的人合作，您看什么时候方便一起吃个饭？"

"炮弹"指的是向参谋阐明，如果房子对客户具有相当大的利益和价值，或者客户非常喜欢房子，那么即使是参谋，也会顾及客户的这种利益与感受，在评价房子时会更慎重一些，举例如下。

"赵先生，李先生在这里安家，每天上班只需要花十多分钟，这样他就有更多机会陪家人，或者和您这样的三五个好友多聚聚了，您说是吧？"

"赵先生，您不知道，上周李先生来看房的时候，第一眼看见这套房就说李太太会很喜欢，因为房间的景致实在是漂亮，您来看看，是不是这样的？"

"赵先生，您说，如果李先生的父母搬过来，每天能去楼下的公园散散步，去小区的老年活动中心与同龄人聊聊天，偶尔生个小病，小区内就有专门的医院，这样的环境是不是很适合老年人呢？"

第3节　迟疑应该这样消

情景51　我先比较比较再决定

情景模拟

情景1

客户："这套房我觉得不错，但是买房是件大事，我想多走几个楼盘，比较比较再做决定。"

房产销售人员："没问题，李先生。确实是这样，我们平时买个家电还要货比三家呢，更何况是买房子这样的大事。您打算看哪几个楼盘呢？"（了解详情）

客户："也就是这一带的两三个楼盘，我比较比较，心里有谱一些。"

房产销售人员："李先生，您看需不需要我们为您保留这套房呢？"

客户："怎么保留啊？"

房产销售人员："因为很多客户都想把孩子送到××附小上学，所以最近带孩子来看房的客户很多，我有个同事刚刚打来电话说她的客户看了这套房的模型并且很喜欢。我想，您如果喜欢这套房，可以付一部分定金定下来，我好通知我同事给她客户介绍其他的户型。"（表明房源抢手）

客户："哦，我没带很多钱啊，钱包里也只有1000多元。"

房产销售人员："您稍等，我问问经理能不能就收您1000元的定金……"

情景2

客户："这套房不错，我再比较比较附近的几个楼盘，要是没有更好的房，我就定下来。"

房产销售人员："我能理解您的想法。李先生您这次买房最主要的目的是什么呢？（回归需求）

客户："主要还是为了孩子上学方便啊。"

房产销售人员："那在您看来，我们这一带的三个楼盘，哪一个是最方便孩子上学的呢？"

客户："应该是你们这个楼盘吧，毕竟挨着学校。"

房产销售人员："李先生，既然您意识到了这点，但还是想多考察一下，我想，您对我们这个楼盘一定还有一些顾虑，您能不能跟我说说呢？"（探询真实的异议）

客户："我觉得你们楼盘确实不错，但是价格也要比其他两个楼盘高出200元，我觉得不太划算。"

房产销售人员："谢谢您能跟我说这些。是这样的，和其他两个楼盘相比，我们的优势在于紧靠学校和公园，而且小区内有本市最先进的儿童活动中心，里面有30000册少儿图书，有种类最全的文娱设备，有经验丰富的辅导员，周边很多小区的家长都希望周末能带孩子来玩玩，但这个活动中心只优先对小区业主子女开放。我相信，在这里安家，您的孩子一定能有一个平安、快乐、健康的成长环境。您说这样的环境对孩子会不会有积极的影响呢？"（围绕核心需求强调核心利益）

客户："我觉得不错。"

房产销售人员："那为了孩子更好地成长，我们今天就把这套房子定下来吧。"

情景分析

　　当客户提出还需要比较比较、考察考察时，他们真实的想法可能是：这套房太贵了，我要看看其他楼盘有没有便宜一点的；我喜欢这套房，但是钱不够；我先拖一拖，没准还能给我降点价、打点折等。因此，房产销售人员首先要摸清客户的真实想法，要确认客户对楼盘和房子是否中意，在此基础上再采取相应的处理方法。客户如果对房子很满意，那么可以通过制造紧迫感或者强调利益和价值这两种方法来逼定客户。

错误提醒

　　错误提醒1：不要轻易让客户离开，只要客户还在销售中心，房产销售人员就还有销售机会，但如果客户走出去与其他楼盘进行比较，那么销售人员的胜算就非常小了。

　　客户："我想再比较比较。"

　　房产销售人员："您想比较哪几个楼盘呢？"

　　客户："就是你们这个，还有附近那个刚开盘的楼盘。"

　　房产销售人员："好的，您可以去那里考察一下，如果还是觉得我们的房子好，欢迎您回来。"

　　错误提醒2：不要以贬低其他楼盘来留住客户，这只会令客户觉得房产销售人员不够有底气，房子可能不够好。

　　客户："我想再去附近的××楼盘看看，比较比较。"

　　房产销售人员："那个楼盘您就不要去看了，他们位置太偏了，前不着村，后不着店，僻静得很。"

　　客户："是吗？我就想找个僻静的地方，适合养老就行。"

　　房产销售人员："……"

技巧运用

　　如何区分真假异议

　　客户的异议有真假之分，真异议是清晰的、明确的，是客户担忧与疑虑的真实表达；假异议是模糊的、表面的，是客户为了掩盖真实的异议而敷衍搪塞的借口，例如以下异议。

真实的异议	可能的虚假异议
"你们公司规模不大，我不太敢信。"	"我要再比较比较。"
"我不喜欢精装修房，没有自己发挥的空间。"	"我需要和家人商量商量。"
"这套房我还有七八万的资金缺口，买不起。"	"我不喜欢这套房。"
"你再打一点折，我朋友上次是九五折买的。"	"我不急，再等等。"
"房价肯定会跌的，过一段时间再买。"	"我明天再答复你。"

那么，房产销售人员如何区分哪些是真实异议，哪些是借口和托词呢？

如何区分真假异议

1. 观察客户提出异议的神情和语气

客户提出异议时，神情是认真严肃，还是飘忽不定，是深思熟虑，还是轻松随意；语气是郑重有力，还是漫不经心，这些都能暴露出客户对自己所提出的异议是否重视、是否在意

2. 仔细辨别异议的内容

客户提出的问题与顾虑是具体明了的，还是模糊不清的，是精准，还是宽泛，这些异议的内容与内涵也能体现其真实性

3. 细心留意异议解答后客户的反应

如果客户是真的存在问题与疑虑，那么在房产销售人员解答异议时，他们会全神贯注地倾听并发问，也会有表情和情绪的变化与波动；反之，如果客户提出的异议只是借口和托词，那么他们不会关注房产销售人员是如何解答这项异议的

4. 问"为什么"

问"为什么"是判断真假异议最直接的办法，"您能说说为什么吗"，抱有真异议的客户会一五一十说出他们的顾虑与疑问，而客户如果提出的是假异议，那么几番"为什么"问下来，他们的真实异议也就暴露出来了

情景 52　我要和家人商量商量

情景模拟

客户："买房这么大的事，我想和家人商量一下再做决定。"

房产销售人员："那李先生，您是不是觉得这套房不够好啊？"（确认客户对房子的看法）

客户："不是不是，这套房很好，我很喜欢，但我想跟我妻子商量一下。"

房产销售人员："买房一百多万元的投资，家人的参与确实很重要。李先生，您是个很顾全他人想法的细心人呢，难怪您做生意会这么成功。"

客户："哪里，只不过是做这行的时间长而已。"

房产销售人员："我想，在这几年的时间里，您能把生意做成现在的规模，肯定与您善于发现商机和把握商机的能力是分不开的吧？"

客户："呵呵，没错，想当年……"（让客户谈论其感兴趣的话题）

房产销售人员："李先生，听您的创业故事，让我真是受益匪浅，您能把握机会，果断决策，怪不得有今天的成就。其实啊，李先生，我觉得买房也是一样的，只要有能力，好房人人都想要，尤其是有孩子的家庭，能选到一套既适合大人又利于孩子的房，太难，您说是不是？"（回到主题）

客户："是啊，我都选了好几个月了。"

房产销售人员："现在，我们这套房既能为您和太太营造一个高品质的生活环境，又能给孩子一个优越的成长环境和教育氛围，这就像生意中的商机一样，您决断了，这个家就是您的，您放弃了，这个美好的地方就可能是别人的了。您说是不是？"（暗示客户要把握机会）

客户："嗯……"

房产销售人员："您如果觉得这套房真的很棒，我真心建议您定下来，我想，您太太和孩子不会因为您果断地做了一个正确的决定而埋怨您的。您说是吧？"（坚定客户的信心）

客户："好吧，我们去交定金。"

情 景分析

"要和家人（朋友）商量商量"这是客户在最后决策关头经常说的话。房产销售人员要考虑到两种情况：第一种，客户有实际的决策权，只是想征询一下家人和朋友的意见，针对这种客户，房产销售人员要强调房子的物有所值或者物超所值，并适度地激励其做出购买决策；第二种，客户没有决定权，必须征求某个不在场的决策者的意见，在这种情况下，房产销售人员也必须向客户详细了解决策者的信息，并索取联系方式，请客户定下时间邀请决策者到现场，最好是让客户交一定费用将房子先预订，待决策者同意后再签合同。

错误提醒

房产销售人员要适当地"逼"客户，但不能"逼"得太明显、太紧迫，这样会让客户有被压制和胁迫的感觉，房产销售人员也很难得到他们的积极配合。

客户："我要和家人商量商量。"

房产销售人员："您要和谁商量呢？是您妻子，还是您父母呢？"

客户："我妻子。"

房产销售人员："那您大概什么时候能做出决定呢？"

客户：（沉默）"……"

房产销售人员："我明天给您打电话吧。"（房产销售人员的催促会使客户感到厌烦，最终导致客户在其他楼盘购房）

技 巧运用

应对客户提出的"要商量商量"的异议，房产销售人员可以从事前、事中、事后三个阶段进行控制与处理。

1. 事前预防

事前预防是指房产销售人员在与客户接触的初期阶段，通过寒暄与问询来判断客户是否具有购买决定权，如果不具备，应该主动请客户约出决策人面谈，举例如下。

"李先生，这次买房是您自己住吗？"

"如果您看好了一套房，那这笔投资是由您独自承担吗？"

"李先生，下次请您太太一起过来吧，我听您说起张姐很多次，还从来没见过呢。"

2. 异议处理

应对"要商量商量"之类的异议，房产销售人员需要明确客户是否对房子中意。如果客户对房子不中意，则要找出客户喜欢的户型；如果客户对房子中意，则可以进一步促成交易。举例如下。

"李先生，您考察了这么多楼盘，肯定也知道要找到心仪的好房不容易，您看好的这套房是我们的主推户型，很多客户都是今天看好，明天来这套房就已经售出了，如果您真的喜欢，我建议您今天定下来，您看怎么样？"

"李先生，您需要和家人商量我很理解，好房不等人，我们这种户型现在只剩下3套了，我想，您的家人不会因为您果断地定下了这套风景独佳的好房而埋怨您的，您说对吧？"

"张姐，您先生经常出差，这套房将来主要还是您和孩子住，我想，只要您喜欢，您先生一定会同意的，您说是吧？"

3. 明确邀约

如果客户坚持要与家人商量，或者客户不具有购买决定权，那么房产销售人员也要和客户了解决策者的情况和联系方式，并详细约定下一次面谈的时间与地点。同时，可以让客户将资料带回，让决策者有初步的了解，为下一次面谈打下基础。

情景 53　我不着急买房再等等

情 景模拟

客户："我现在还有一套房住着呢，一时半会儿不急着买新房子，再等等。"

房产销售人员："李先生，您工作日都忙着上班，周末是放松自己和陪伴家人的最好时机，但是您却愿意开一个多小时的车连续三个周末来我们这里看房，我想，您对这套房子应该是喜欢的，可能是我工作有些地方做得不到位，您能帮我指出来吗？"（自我检讨，让客户不得不吐露真实想法）

客户："不是，不是，你工作做得很好，不然我早就找别的销售了。"

房产销售人员："那您是不是不太满意这套房呢？李先生，我和您接触三次了，真心把您当大哥看，您要有什么问题，一定要告诉我。"（拉近关系）

客户:"我觉得,你们现在价格偏高,我想看看过一段时间会不会有些优惠活动。"

房产销售人员:"李先生,现在正是我们促销优惠力度最大的时候,全款九四折,是这一带楼盘中力度最大的促销。要是过一段时间房子降价了,或者有更大的优惠,我就不会建议您购买了。"(激起客户的兴趣与好奇心)

客户:"为什么?"

房产销售人员:"因为促销和优惠幅度这么大的房子一般都是尾房,不是楼层不好,就是朝向不好,或者是户型不合理。您买这套房是打算养老的,如果我向您推荐了这样的房,将来您上年纪了,上下楼不方便,整天见不到多少阳光,这样您会埋怨我一辈子的,您说对吧?"(体贴客户,赢得好感)

客户:"嗯,是这样。"

房产销售人员:"如果您看好了这套房,我看不如今天就定下来,这套房是您后半辈子的依托,辛苦了这么多年,您值得有一套好房子来享受生活。"(坚定客户的信心)

客户:"行,那我选这套。"

情景分析

买卖决策的最后关头,往往是谁沉得住气谁就占上风,这一规则房产销售人员懂,客户也懂,因此,很多客户看好房后,会摆出无所谓的态度,"不急""可买可不买",缺乏经验的房产销售人员往往信以为真,认为客户的购房意向并不强烈,于是马上抛出优惠政策来拉住客户,或者恳求客户购买。事实上,销售人员越是这样,客户越不会做出决定。房产销售人员必须一步一步地挖掘出客户的真实异议,明确客户最看重什么,最担心什么,然后在此基础上强调客户看重的,弱化客户担心的,最终达到促使客户购买的目的。

错误提醒

错误提醒1:房产销售人员的自信在客户看来代表了楼盘和房子的品质,销售人员越自信,客户会认为这个楼盘越可靠。所以,房产销售人员绝对不要低声下气求客户购买,这会彻底动摇客户对房子的信心。

客户:"我不着急买房,再等等。"

房产销售人员:"李先生,您如果喜欢就定下来吧,我求您了。"

客户："是不是这套房不好卖啊？"

房产销售人员："不是不是，我刚入行，您买这套房对我来说很重要。"

错误提醒2：在卖力地解说和全力地服务后，却得到客户"不着急买，再等等"的回复，房产销售人员往往会觉得委屈与愤怒，情绪上可能很难控制，一名成熟的销售人员应该避免这种错误的发生。

客户："我不着急买房，再等等。"

房产销售人员："李先生，我花了两天时间，给您介绍了三次，带您看了四套房，您现在却说不急着买房，再等等，您这不是折腾人嘛。如果您早这么说，我就不会浪费这么多时间了！"

技巧运用

方法技巧：善于请教

客户都喜欢被人尊重、被人重视，如果房产销售人员能够主动向客户求助、请教，客户会感受到自身的价值，会产生愉悦、兴奋的情绪，也就更乐于与房产销售人员分享他们内心真实的想法与问题。

"李先生，您能帮我一个小忙吗？我觉得您对这套房是比较喜欢的，是什么让您下不了最后的决心呢？"

"李先生，我注意到您不是非常高兴，是不是我工作哪里做得不到位，您能帮我指出来吗？"

"李先生，我恳求您帮我一个小忙，我觉得您买不买这套房没关系，但我特别想知道原因，如果是房子的问题，或者我工作的问题，我可以马上改进，您能告诉我吗？"

"李先生，在您离开之前，我想请您帮个小小的忙，好吗？您能不能告诉我，您对这套房子是如何评价的？"

Chapter 5

第 5 章

追客户：怎么跟进，怎么催促

房子是大宗商品，由于购房对普通家庭而言是一项巨大的开支，因此客户在看房、选房时不会像购买其他小商品一样随意。从打算购房到最终签合同买房，这是一个长期的过程。房产销售人员是否有足够的耐心和信念，是否重视长期的客户，是否能做好跟进工作，这对于销售能否达成起着决定性的作用。

第1节　追客应该这样跟

情景54　客户拒绝不代表失败

情 景模拟

客户李先生在销售中心听取了房产销售人员对沙盘和模型的详细介绍，并参观了样板房，但无论销售人员如何努力，客户仍然坚持不肯交定金……

客户："今天就这样吧，买房不能冲动，我还要再想想，想好了我还会过来的。"

房产销售人员："李先生，谢谢您来我们楼盘参观。在您走之前，我想请您帮个忙，可以吗？我很想知道，您对我为您推荐的这套房怎么看呢？"（确认需求）

客户："房子不错，基本上符合我的条件。"

房产销售人员："我明白了。李先生，今天您太太也没有和您一起来，这样吧，这有几份资料是关于我们楼盘还有这套房子的，您带回家和太太再商量一下。如果有朋友也在找房，您也可以推荐一下，只要是您介绍来的朋友，我一定会给最优惠的价格，好吗？"（要求客户推荐）

客户："好的。"

房产销售人员："那我送送您吧。您看好的两房户型现在样板房还在装修中，要是建好了，我会告诉您一声的。"（为电话跟进制造机会）

客户："好的，再见。"

房产销售人员："李先生，我叫王丽，今天很高兴与您认识，再见。"（加深个人印象）

情 景分析

客户没有当场交定金或签约并不代表交易的失败，美国营销协会的调查表明，有80%的销售需要4~10次的跟进才能达成。因此当客户拒绝成交时，房产销售人员不应沮丧或者抱怨，而是应该积极地为下一次跟进或面谈做准备工作，这些工作包括：给客户留下良好的印象，给客户留下资料和手册，请客户推荐亲友前来选房，为下一次面谈制造机会，等等。有这些准备工作做铺垫，房产销售人员不仅可以顺利地开展下一步工作，而且有可能获得更多的客户资源。

😞 错误提醒

在客户眼中，最能体现房产销售人员素质和水准的不是接待和接触的过程，而是客户拒绝下定离开销售中心的那段时间。如果房产销售人员流露出失望、沮丧的神情，或者愤愤不已，表现出不耐烦的情绪，那么客户即使对这套房子再有意向，也很难信任这样的房产销售人员，销售人员之前精心建立起来的好感与信任感将不复存在。

客户："今天就这样吧，我回去还得想想，要是想好了我还会过来。"

房产销售人员：（面露不悦）"好吧，随便您。"

房产销售人员：（不耐烦）"好，您慢走。"

技 巧运用

方法技巧 1：正视客户的拒绝

被客户拒绝对于一名销售人员来说是再平常不过的事了。客户的拒绝绝不代表失败。客户的拒绝对房产销售人员来说有什么意义呢？

1 每一次被拒绝都代表着房产销售人员向成功迈近一步。80%的销售是在与客户的第 4 次接触以后达成的，那么，客户每拒绝一次，就意味着销售人员更接近成功。

2 客户的拒绝是促成交易的最好突破口。客户表示拒绝，说明有顾虑，房产销售人员铲除了这些障碍就相当于铲除了拒绝，交易达成也就水到渠成。

3 客户的拒绝是房产销售人员自省的镜子。如果房产销售人员的各项工作都能切实做到位，那么客户提出拒绝的概率就很小。因此，有拒绝，说明销售人员的工作中还有缺陷和不足，还需要改进。

由此可见，客户的拒绝是一座宝藏，房产销售人员完全可以正视它、解决它，而不必惧怕它。

方法技巧 2：送别客户的注意事项

客户现在的拒绝并不代表以后也不能成交，他们依然是极具价值的潜在客户，因此，即使客户拒绝购买，房产销售人员仍然要友好地送别客户，并做好以下工作。

1. 在客户离开前最后确认其对房型的看法与态度，这对后续的跟进很有帮助

2. 将带有自己名片的资料送几份给客户，恳请客户向有购房打算的朋友推荐

3. 与客户约定下次面谈的时间和地点，或者为电话跟进制造一个机会

4. 将客户礼貌地送出门外，指明交通路线

5. 巧妙报出姓名，让客户留下印象，方便客户再次光临时的接洽

6. 真诚感谢客户前来咨询和参观

方法技巧 3：记录与总结

客户离开后，房产销售人员要及时规范地填写客户来访信息记录表，并妥善保管好表格资料，对接待工作进行深入总结。

客户来访信息记录表

填表人：　　　　　　　　　　　　　　　　　　填表日期：

客户姓名		年　龄	
性　　别		职　业	
联系方式		居住地址	
家庭信息			
购房目的	□ 初次安置　　□ 改善住房　　□ 投资增值		
意向户型			
信息渠道	□ 电视广告　　□ 报纸广告　　□ DM 广告　　□ 户外广告 □ 网络广告　　□ 他人介绍　　□ 其他		

（续表）

询问事项	
客户异议	
交易状态	☐ 未能成交　　☐ 已交定金　　☐ 已签合同
未能成交原因分析	
客户级别	☐ 很有希望　　☐ 有希望　　☐ 一般　　☐ 无意向
跟进进度安排	
跟进注意事项	

情景55　潜在客户要区分重点

情 景模拟

　　小王每天接待的客户很多，累积的潜在客户也有70多位，每一次面谈结束，她都会对客户进行分类，对不同类别的客户采取不同的跟进方法，如下表所示。

不同客户类别的跟进方法

客户类别	分类依据	跟进策略
A（很有希望）	客户确定了中意的户型，有支付能力，有购买决定权，近期可以确定买房	面谈后第二天立即电话联系，可以请求登门拜访，重点关注，不间断联系
B（有希望）	客户对户型比较感兴趣，有支付能力及决定权，存在某些关键性的顾虑与担忧	面谈后第二天以短信、电话、邮件等形式与客户联系，不紧不松
C（一般）	客户未能明确具体意向，对项目持肯定、满意态度，缺乏对楼盘和房子的了解	面谈后两三天联系，以提升客户兴趣与好感为主要目的

（续表）

客户级别	分级依据	跟进策略
D（无意向）	客户未留下联系方式或明确拒绝电话跟进，对楼盘和房子有排斥态度	短信联系，面谈后进行两次电话沟通，确认无意向则可以放弃

情景分析

房产销售人员每天都要接触大量的客户，为了提高工作效率，增加销售成功的机会，在跟进之前，房产销售人员要对客户进行分类管理，对意向强烈的客户进行重点跟进、优先跟进，而对没有任何兴趣或者无法联系上的客户则应该适当选择放弃。

错误提醒

房产销售人员的工作很忙碌，随着客户的不断增多，往往会陷入盲目和混乱的工作状况中。房产销售人员要警惕这样一种职业病：每天感觉都很忙，但一天下来，并没有接触多少客户，也没有与多少客户达成意向，这就是劳而无功。只有对客户进行分级管理，合理安排时间，将主要的精力放在"很有希望"和"有希望"的客户身上，房产销售人员才能走出这种忙乱的工作局面。

技巧运用

方法技巧 1：克服客户跟进的心理障碍

一般来说，销售中心每天都会有客户拨打热线电话对房产项目进行咨询和了解，对这类电话，房产销售人员是乐于接听的，因为每一个电话都可能代表着一个销售机会。但是主动打电话拜访客户，进行销售跟进，对房产销售人员来说就有一定的困难和压力，有的是因为销售现场繁忙，没有时间进行客户跟进，有的是因为自我感觉跟进效果不大，不想浪费时间来跟进，还有的是怕遭到客户的拒绝，因此缺乏勇气进行跟进。事实上，只要做好充足的准备工作，规划好跟进的时间和策略，找准意向强烈的潜在客户，房产销售人员在跟进工作中就能获得成功。

方法技巧 2：客户分级跟进的注意事项

销售是以结果为导向的，房产销售人员要想提高工作效率和实际产出，就必须学会对客户进行分级管理，将主要的时间和精力用于跟进最有可能成交的客户。在对客户分级与跟进时，房产销售人员要注意以下事项。

1. 每天设立固定的时段来建立或更新客户档案，整理客户资料，并按意向分级

2. "很有希望"和"有希望"的客户是重点跟进的潜在客户，他们的资料和信息房产销售人员要熟记于心，并保持持续、有规律的跟进

3. 根据客户的职业和作息决定跟进的时间和方式。例如，对于朝九晚五的上班族，要避开上班时间，避开繁忙的星期一，最好在星期五和星期六与其联络；对于从事财务工作的客户，应避开月底的时间，他们可能忙于公司月度账务整理而没有空闲时间

4. 跟进前房产销售人员必须有明确的目的，是要了解客户的购房近况，还是要告知楼盘最新信息，或者是节假日的问候等，只有目的明确，跟进的过程中才不会出现前言不搭后语、颠三倒四的状况

5. 每一次跟进获得的新信息都要及时补充到客户来访信息记录表中，以便于下一次的面谈和跟进

情景 56　找准跟进的切入话题

情 景模拟

情景 1：从遗留问题入手

房产销售人员："李先生，您好，我是××花园的置业顾问小王，您现在方便通话吗？"（确认客户的时间是否方便是最重要的电话礼仪之一）

客户："哦，我记得，你说。"

房产销售人员："是这样，上次您很想看看 2 居室的样板房，由于正在装修所以没有带您参观，今天我们样板房开放了，您看什么时候带上太太一起来看看？"

客户："这样啊。"（客户反应比较冷淡）

房产销售人员："上次您提到出国时看过欧式的室内设计，您说很喜欢，非常

巧的是，我们这个样板房恰恰是按欧式风格装修的，您毕竟去国外见识过，我很想听听您的意见呢。"（提起客户感兴趣的问题，并以请教为借口让客户兴趣倍增）

客户："真的吗？那我大概下午两点就过去。"

房产销售人员："好的，李先生，如果可以的话带您太太一起来吧，上次您说太太是××省的，和我是老乡，我很想见一见呢。"（拉近关系）

客户："好的，没问题，下午见。"

房产销售人员："那我在销售中心等您，再见。"

情景2：从帮助客户入手

房产销售人员："李先生，上次您提到想给孩子找个英语家教，不知道请到人了吗？"（关心客户的困难与问题）

客户："还没有呢，怎么，你有好人选？"

房产销售人员："呵呵，我看您特别重视这个事，就打电话问了一些同学和朋友，还真有这样一个人选，是我大学的同学，英语专业毕业，口语流利，最重要的是她脾气特别好，和孩子特别好相处，您看怎么样？"

客户："听起来不错，这个周末一起见见，要是合适我就带孩子去拜师了，呵呵。"

房产销售人员："行，没问题，我跟她约一下。对了，李先生，上次您回去后跟家里人商量了吗？觉得我们这套房怎么样？"（在建立信任与好感的基础上确认客户意向）

客户："哦，我老婆觉得买期房不放心，怕到时候拿到的房根本不是之前说的那种样子。"

房产销售人员："原来是这样，您太太的担心也不无道理，这样吧，您什么时候方便可以带太太一起来，我带您去见几位我们1期的业主，他们毕竟已经住进了新房，我们可以听听他们怎么评价，您看怎样？"（重视客户提出的问题，积极寻求解决方案）

客户："这个主意不错，那我们明天过去。"

情景3：从最新信息入手

房产销售人员："李先生，上次您让我留意8号楼8~9层的房子，今天正好来了一位客户，为了方便他父母出入方便，将八层定好的房子调换到了2层，所以您什么时候方便来看看802这套2室1厅？"（说明是"调换"而不是"退房"）

客户："802？"

房产销售人员："对啊，就是朝向森林公园和××大学，离附小特别近的这套

房。"（强调房子的卖点，吸引客户）

　　客户："好的，我明天过去吧。"

情景分析

　　房产销售人员进行电话跟踪的最终目的是要促使客户购买，客户也明白这一点，因此，对于销售人员的跟进电话往往会有排斥情绪。要让客户乐意接电话，接完电话还乐意再次来到销售中心，房产销售人员就必须用心找准电话跟进的切入话题，减轻客户的戒备和排斥情绪，并以能够吸引客户兴趣与好奇心的方式为再次面谈争取机会，例如，在上文的场景中，房产销售人员就分别采取了从遗留问题入手、从帮助客户入手、从最新信息入手三种方式赢得了客户"回头"的机会。

错误提醒

　　错误提醒：客户之所以没有当场做出决定，是因为存有顾虑和担忧，这时候房产销售人员如果过于急功近利，催促客户来购买，只会得到欲速则不达的后果。

　　房产销售人员："李先生，怎么样，您考虑了一天，做好决定了吗?"

　　客户："还没有。"

　　房产销售人员："您不用左思右想了，听我的，买我们的房没错。您看什么时候再过来看看?"

　　客户："等我有空再说!"

技巧运用

如何寻找合适的切入话题

1. 从遗留问题入手

　　在上一次面谈中，客户还有哪些异议没有彻底消除，还有哪些问题没有解决，或者销售人员还有哪些工作没有做到位，这些问题都可以称为遗留问题，是客户最关心也是最感兴趣的。房产销售人员只有对沟通情境进行了深入的回顾与思考，对客户信息进行了全面的整理和记录，才能找准遗留问题。以下是几个从遗留问题入手打开话题的例子。

　　"李先生，上一次您问到我一个问题，当时没答上来，后来我特地去工地现场问了好几位工程师，现在终于搞清楚了，结果是这样的……"

"李先生，您上次没有看到工地现场，所以心里没底，我特地跟领导申请了两回，他们总算同意了，您看什么时候过来，我带您去参观一下？"

"李先生，上次您不是担心房子买下来却拿不到附小的入学名额吗？我与附小专门负责招生的老师约好了，您看什么时候方便过来，我们去了解一下入学流程？"

2. 从闲聊话题入手

闲聊话题可以是上一次面谈中客户提及的话题，也可以是房产销售人员精心准备的小话题，主要是为了唤起客户的熟悉感和亲切感，让气氛更融洽。下面举几个从闲聊话题入手打开话题的例子。

"张姐，您上次说孩子患了急性肺炎，现在宝宝好点了吗？"

"李先生，您上次说要和××公司签一笔大合同，现在合同签下来了吧？"

3. 从最新信息入手

楼盘最新的促销、打折、优惠信息，客户关注的户型的销售状况与剩余房源信息，这些最新的信息往往能够吸引客户，勾起客户的兴趣与再次看房的热情，举例如下。

"李先生，我们现在推出了一项促销活动，买2居室户型能得到价值58 000元的全套品牌家电，您看今天还是明天方便过来看看呢？"

"李先生，有一位客户想定下您看好的这套802，因为这套房是您先看上的，所以我给您打这个电话，您看需不需要我们为您保留这套房？"

"张姐，您知道××先生吗？就是那个××电影的男主角呀，我真的不敢相信，他今天在我们这儿买了一套房，就在您看好的那套房对面的楼呢！"

4. 从帮助客户入手

每个人都有需要他人帮助的时候，客户也不例外。在面谈中，客户可能提及或者暴露出他们所面临的问题与困难，如果房产销售人员能够及时地发现，并真诚地在跟进时提供力所能及的帮助，不管帮助的力度是大还是小，客户都会记得房产销售人员的心意和努力。有了这样的好感与信任，房产销售人员让客户"回头"就不是件难事，因此，真诚地帮助客户是最好的切入话题，举例如下。

"李先生，您上次提到您老母亲患了××疾病，想去××医院，是吧？我有个朋友正好在那个医院上班，您看有没有需要帮忙的地方？"

"李先生，上次跟您聊天的时候，您是说最近在做服装批发生意是吧？我有个朋友最近刚好需要一批货，但这一行我不是太懂，您看您什么时候方便我们一起聊一聊？"

情景 57　客户下定之前的跟进

情 景模拟

情景1：询问客户考察楼盘的情况

房产销售人员："李先生，您上次说想考察考察附近的××楼盘，有没有看到中意的呢？"

客户："哦，我去看了，他们的3居室户型结构不错。"

房产销售人员："没错，××楼盘的3居室户型格局方方正正，装修摆设非常方便。您看的是几号楼呢？"（公正、客观地评价，赢取客户的信任）

客户："8号楼，靠东边的那栋。"

房产销售人员："我建议您选择他们的10号楼比较好，8号楼面向一个石料厂，平时噪声有些大，而且石料厂的尘土刚好往8号楼的方向刮，10号楼噪声就小很多。"（诚恳提出专业意见）

客户："哦，是这样啊，他们都没和我说这些呢，差点就交定金了。"

房产销售人员："没关系，这一带的楼盘我都比较熟，您有什么问题可以随时找我。"（郑重承诺，给客户增添好感）

客户："好的，谢谢你。"

房产销售人员："李先生，您上次看的3居室户型现在有样板房可以参观了，您看今天还是明天有空来看一看？"（为再次面谈选准理由）

客户："明天吧，上午10点我去看看。"

情景2：询问客户对意向户型的看法与态度

房产销售人员："李先生，前天您来看房时感冒很厉害，现在好些了吗？"（表达真诚的关心）

客户："哦，谢谢你的关心。好多了。"

房产销售人员："别客气，冷暖交替的季节，您工作压力又那么大，很容易感冒的，多多注意哦。"

客户："谢谢，我会的。"

房产销售人员："前天您看好的两套房，1202和1502，12层的这套今天被一位客户定下了，我想问问您，需不需要我们保留 1502 这套？"

客户："哦，是吗？卖这么快？"

房产销售人员："是啊，您上次还提起很想让孩子上××附小的事，说来也真巧，您看好的这套 1202 恰好被这个学校的副校长定下了，所以我给您打个电话，看看 1502 要不要保留。"（紧扣客户的需求）

客户："好吧，我下午带我老婆一起去看看。"

情景分析

在客户对某套房比较中意，但又不能完全确定的情况下，销售中心往往会采取先收定金再签合同的形式。客户交了定金，对其他竞争楼盘即使有意向也会受到一定的牵制，这样可以最大限度地留住客户促成交易。因此，在客户交定金之前，房产销售人员的目的就是了解客户对各个楼盘以及户型的想法与态度，并且吸引客户回到销售中心面谈，从而抓住机会，积极促成交易。

错误提醒

错误提醒 1：房产销售人员为了吸引客户再次回到销售中心，往往会强调房源紧张、销售火爆的信息，在传达这种信息时，销售人员要注意把握尺度，不要夸大其词，如果一旦被客户识破，就很难再勾起客户的兴致。

房产销售人员："李先生，我跟您说，这几天来买房的客户特别多，您中意的 2 居室户型现在就只剩下一两套了，客户都在争着抢房呢。您现在来还能定下，要是等到明天，我们这儿肯定一套房都没了。"

客户："是吗？既然这么火爆，那我就不去凑热闹了。"

错误提醒 2：不要以虚假的、不实的信息来吸引客户"回头"，客户如果发现自己被欺骗了，他们很难再相信房产销售人员。

房产销售人员："李先生，告诉您一个好消息，我们推出了几套特价房，每平方米只要 3 000 元，房子还不错，您来看看吧。"

房产销售人员："李先生，我们现在在搞优惠活动，买房送全套品牌家电，只有十个名额，现在还剩两三个名额，您快过来吧。"

技巧运用

房产销售人员在开始跟进工作之前，首先要回顾所有已经掌握的有关客户的信息，在此基础上来确定洽谈的重点和主题。一般说来，客户跟进应该将重点放在下面的图表所示的几个问题上。

房产销售人员要注意，不要期望通过电话来达成最终的销售，跟进的目的是为了吸引客户再次回到销售中心面谈。因此，在了解和掌握了客户的最新情况后，房产销售人员还要提出一个对客户具有足够吸引力的理由，让客户无法拒绝地"回头"，这些理由可以从以下方面去寻找。

1. 客户感兴趣的，例如，刚开放的样板房、刚建设成形的楼盘、附近刚投入使用的地铁、对口学校的入学咨询、楼盘新近发生的事等，举例如下。

"李先生，您一直很想看的3居室的样板房今天完成装修，对外开放了，您今天还是明天过来看看？"

"李先生，地铁3号线开通了，××站就在小区附近，这一片商圈开始火起来了，您明天还是后天方便过来看看？"

"李先生，我们楼下的附小今天有一场咨询会，专门解答业主们关于孩子就读的问题，您要不要过来看看？"

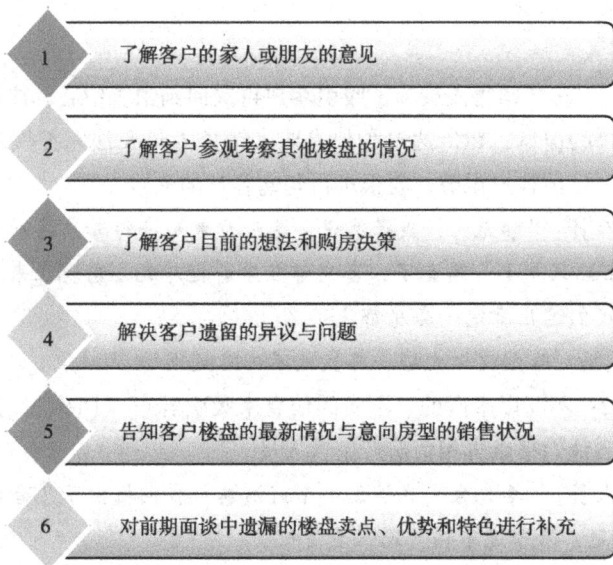

1	了解客户的家人或朋友的意见
2	了解客户参观考察其他楼盘的情况
3	了解客户目前的想法和购房决策
4	解决客户遗留的异议与问题
5	告知客户楼盘的最新情况与意向房型的销售状况
6	对前期面谈中遗漏的楼盘卖点、优势和特色进行补充

2. 关系客户利益的，例如降价、打折、赠送等优惠信息，房产销售人员在传达这些优惠信息的时候，必须强调这些优惠的原因，既要突出这种优惠幅度的来之不易，又不能给客户留下楼盘滞销的印象，举例如下。

"李先生，我们这个项目自开盘以来，创造了省内楼盘最快的销售速度，为了回报客户，我们对现在 2 期余下的 38 套房开展'买房送名品家电'的活动，全套的品牌家电总价 38 000 元呢，您看周六还是周日过来看一看？"

"李先生，今天是我们公司成立 10 周年的纪念日，正在销售中心举行抽奖活动，只要是到现场的客户，都可以领取 1 个号码，我们会抽出 10 个幸运号码，中奖的客户买房可以直接优惠 50 000 元呢！您今天要不要过来试一试，我觉得凭您的运气，绝对没问题！"

情景 58　客户下定之后的跟进

情 景模拟

客户李先生在现场参观后，交了 1 000 元定金预订了 3 居室户型，保留期限是 3 天。

情景 1： 客户下定之后的第二天，房产销售人员进行第一通电话跟进。

房产销售人员："李先生，您好，昨天交过定金后您是否还有什么疑虑和问题？"

客户："没有了！"

房产销售人员："好的，李先生，那不打扰您了。您明天还是后天比较方便呢，可以过来看一下合同吗？"（"看"合同，而不是"签"合同，减轻客户的心理压力）

客户："后天下午吧，明天我比较忙。"

情景 2： 3 天的保留期限过去了，客户仍然未能前来签约，房产销售人员进行电话跟进。

房产销售人员："李先生，您好，这几天是不是特别忙啊？我昨天休假，考虑到您说下午来看合同，因此等了您一下午，是不是有事耽搁了？"（询问具体情况）

客户："嗯……"

房产销售人员："李先生，您有什么顾虑尽管说，我尽力帮您解决。"

客户："不瞒你说，我一个做房地产的朋友觉得这套房我买贵了，他觉得每平方米还能再便宜 100 多元。"

房产销售人员："哦，原来是这样。李先生，您也知道，上次您交定金之前就要求再优惠一点，我跟经理申请了半天才拿到九五折的最低价，我可以给您看我们的内部销控表，只有一位连买3套房的客户才拿到了您这个九五折的优惠，其他人都是九六折。"

客户："哦。"

房产销售人员："李先生，您看现在您方便过来吗？价钱这事电话里也说不清楚。我再去找经理单独谈一下，只要是能争取的优惠，我全力争取，您看怎么样？"（引导客户到现场面谈）

客户："好吧，我现在过去。"

情景分析

客户下定之后，房产销售人员很容易放松，认为客户已经交了一部分钱，最终一定会成交。事实恰恰相反，客户下定后的一段时间是他们思想斗争最激烈的时候，他们会多方地考察、咨询，全面地对比、权衡。这个时期，任何负面的反应都可能让客户退订，放弃购买，而客户一旦退订就极难再回头了。因此，房产销售人员对下定后的客户要格外关注，时刻掌握客户的想法和动态，及时排除负面的干扰和影响，有技巧、有分寸地加强跟进工作。

错误提醒

错误提醒1： 下定之后，房产销售人员最忌讳的就是自信满满，不注意跟进，不闻不问，直到客户来退订才想起去问原因，使本来可以达成的交易功亏一篑。"行百里者半九十"，前期的接待工作很重要，但是下定后的跟进同样是决定成败的关键一步。

错误提醒2： 客户下定之后的心理是非常脆弱和敏感的，房产销售人员在催促客户前来签合同时，要非常留心自己的语调语气，不要给客户制造任何负面的压力或刺激，举例如下。

"您什么时候来把钱交齐啊？"（"交钱"意味着要交出大笔的资金，对客户刺激很大）

"您什么时候来签合同啊？"（"签合同"代表交易一旦确定就不可挽回，增加了客户的压力）

"您什么时候来看看合同啊？"（"看合同"比较委婉，客户容易接受）

"您什么时候再来看看您的新家啊？"（"看新家"传达了温馨的感觉，客户会很向往）

技巧运用

方法技巧 1：客户下定不签约的原因分析

客户下定之后，会有一段时间的考虑期，这是进入实质性交易之前的一个缓冲期。很多客户往往下了定金却并没有按时签约，甚至会退订，出现这种情况的原因一般有三种。

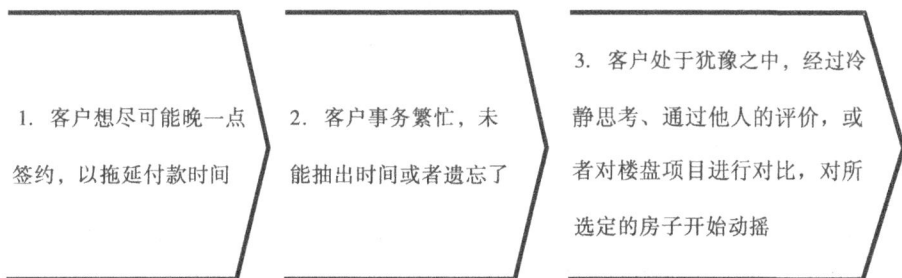

1. 客户想尽可能晚一点签约，以拖延付款时间

2. 客户事务繁忙，未能抽出时间或者遗忘了

3. 客户处于犹豫之中，经过冷静思考、通过他人的评价，或者对楼盘项目进行对比，对所选定的房子开始动摇

最难处理的是第三种情况，客户一旦开始犹豫、动摇，就很可能放弃选好的房子。因此，房产销售人员在客户下定后绝对不能放松，反而要高度警醒，密切关注客户的动向，及时发现问题并积极快速地处理，让客户下定最终的购买决心。

方法技巧 2：客户下定后的跟进

房产销售人员进行下定后的跟进工作，一不能过急，否则会让客户感受到很大的压力，并产生楼盘是否滞销的怀疑；二不能过缓，否则会给客户过多的考虑和犹豫时间，这对最后签约也极为不利。因此，跟进应该不急不缓，更要注重策略，最重要的是以下这样两通电话。

第一通重要电话最好安排在下定后的次日，主要目的一是恭喜客户；二是询问有无问题或疑虑；三是提醒客户按时签约。

第二通重要电话安排在约定的保留期限即将到期或者刚刚过期的时候，主要目的一是明确客户未能按时签约的原因；二是有针对性地给出切实有效的解决方案；三是寻找一个足够吸引客户签约的理由。

情景 59　客户退订之后的跟进

情景模拟

　　客户李先生交1 000元定金预订了2室1厅的房子，在房子保留期内，李先生咨询了几位业内的朋友，了解到近期可能会有房地产新政策出台，房价会下跌，因此，客户坚持办理了退订手续。房产销售人员在客户退订后仍然坚持与客户联系。

　　房产销售人员："李先生，最近我们附近有一个××楼盘刚开盘，您去看过吗?"（侧面打探看房近况）

　　客户："是吗? 最近忙，没有去。他们开盘价多少啊?"

　　房产销售人员："4 500元。"

　　客户："什么? 怎么涨那么快啊? 你们两个月前开盘时不才4 000元吗?"

　　房产销售人员："是啊，房价一直在上涨。我们有很多买房投资的业主都打算等房价涨到5 000元再抛出去呢。"（抓住客户退订时的心理，强调房子的升值空间）

　　客户："怎么，还要涨啊?"

　　房产销售人员："上涨是一个趋势，因为在我们这样一个比较发达的二线城市，4 000多元的价格是比较实在的，即使有政策出台，也不会有多大影响。再说，现在市里出台了《北城开发规划方案》，这一片地方的发展潜力是巨大的。"（有理有据）

　　客户："小王，那我前一阵看好的那套房卖了吗?"

　　房产销售人员："已经卖出去很久了。"

　　客户："那还有没有跟802差不多的房?"

　　房产销售人员："前几天有位客户预订了902这套房，但因为信用审核没通过，贷款没办下来，客户付全款又有困难，所以昨天下午只能办理了退房。这套902朝向和户型都很不错，您要不今天下午过来看看?"（给客户新的希望）

　　客户："好，没问题，你帮我把这套房留下，我下午就过去。"

情景分析

　　一名优秀的房产销售人员，只要还有一线机会，就绝对不会放弃。即使客户退了定金，销售仍然是有可能的。作为客户的置业顾问，房产销售人员在客户退订后仍然要坚持与其联系，了解客户的购房情况，关心客户生活中的困难与问题，向客户反馈目前楼盘的销售情况以及最新信息，并为客户选房看房提供专业、公正的建议。这样的坚持，即使不能让客户"回心转意"重新下定，但是只要这种联系和信任一直存在，那么，他们也可能会推荐自己的亲人、朋友来购房。

😞 错误提醒

错误提醒 1：退订的客户也有一部分是会后悔的，如果房产销售人员简单地认为退订就是完结，那么永远也找不回这些后悔做了退订决定的客户。

错误提醒 2：跟进退订的客户要有足够的耐心，不可急于一时，不能天天打电话追着客户。每一次联系的时间间隔、每一通电话的通话时长都要把握好，以免让客户彻底厌烦。

错误提醒 3：客户往往是在难以取舍的心态下做出退订的决定，即便退订了，客户内心对中意的房子可能仍然有一定的意向，房产销售人员要意识到这一点。

技 巧运用

客户之所以会退订，必然是遇到了某些问题或者障碍，如果房产销售人员能够在跟进的过程中有效地解决这些问题，消除这些障碍，那么重新挽回客户不是没有可能。对退订的客户进行跟进，房产销售人员要注意以下几点。

应 对 退 订 客 户 的 方 法

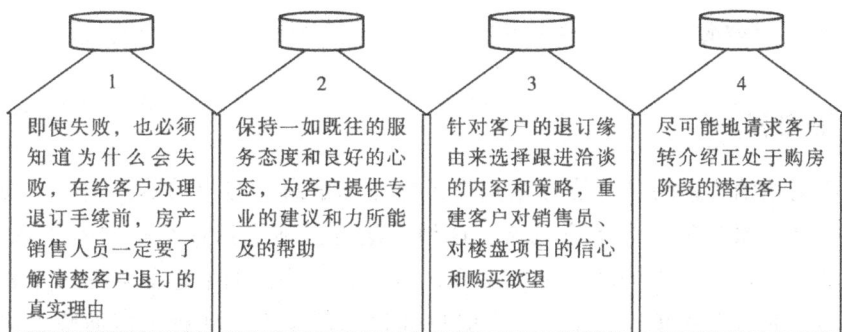

1	2	3	4
即使失败，也必须知道为什么会失败，在给客户办理退订手续前，房产销售人员一定要了解清楚客户退订的真实理由	保持一如既往的服务态度和良好的心态，为客户提供专业的建议和力所能及的帮助	针对客户的退订缘由来选择跟进洽谈的内容和策略，重建客户对销售员、对楼盘项目的信心和购买欲望	尽可能地请求客户转介绍正处于购房阶段的潜在客户

第2节　追客应该这样催

情景 60　催促客户做决定

情 景模拟

房产销售人员："您看我已经带您的家人和朋友看了几次房了，您对我们的房子应该有所了解了，还有哪些不清楚的地方吗？"

客户："主要还想了解一下你们的装修标准。"

房产销售人员："可以，您请跟我来，在这边，我们的装修可以说是××市最好的装修标准呢！"（房产销售人员将装修标准展示给客户看）

客户："不错。"

房产销售人员："那您还有其他的问题吗？您如果今天做决定，本月就可以去银行办手续，下个月您就可以把房子租出去，坐收租金啦！"

客户："听起来不错（微笑）"

房产销售人员："那您要不今天就交定金把房子定下来？不然您一忙，忙忘了，过两天这个楼层的房子就卖完了！"（促使客户做决定）

客户："好的！"

情 景分析

有时候销售顾问并不能肯定是否正确地观察到了客户的购买信号。在这种情况下，最好使用征求意见法，这种方法能让你去试探客户的购买意愿，并且在一个没有压力的环境下征求客户意见。当然，如果你能得到一个肯定的答复，那你就可填写订单了。有时候你说的话越多，就越可能面临失去订单的风险。

☹ 错误提醒

错误提醒 1：过于急切，盲目催促

房产销售人员："王先生，您之前说要来我们公司签约的，怎么没有过来呀？"

客户："我最近比较忙。"

房产销售人员："那您什么时候过来呢？"

客户："预计下周吧！"

房产销售人员："这么晚，那时候过来就没房了！早点来不行吗？"

错误提醒 2：过分赞美，过多套路

房产销售人员："王先生，您上次说您要过来交定金的，怎么还没有来啊？"

客户："最近比较忙。"

房产销售人员："王先生，您一定是特别有能力的人，有能力的人才会选择买房，您看我们这个楼盘各方面都特别好，您什么时候定下来？"

客户："再等等吧！"

房产销售人员："再等就错过了这么好的地段了！"

技 巧运用

方法技巧 1：巧催促，促成单

客户的反应与其需求的急迫性、重要性和复杂性有关。假如购买的东西性质特殊、价格不菲，客户需要精挑细选、货比三家，那么销售急迫的跟进就会引起客户的反感了。此时可以采取敦促法，你可以暗示商品非常畅销，如果客户不及时行动，将与其失之交臂。

方法技巧 2：多真诚，少套路

很多置业顾问想靠一套说辞接待所有客户，一进门就是赞美客户，之后强调产品的特别之处，最后想办法逼定客户。却不知道那些套路、话术、销售技巧，消费者已经很熟悉了。太过依赖技巧的销售，业务再熟练也缺少一份真诚，会给客户留下不好的印象，进而影响客户做出购买决定。

情景 61 催促客户选户型

情 景模拟

房产销售人员："王先生，您好，我们户型主要包括 80 平方米、106 平方米、129 平方米、143 平方米的户型，您的预算大概是多少呢？"

客户："预计 80 万元左右。"

房产销售人员："王先生，那我帮您算一下，80 万元左右的首付您可以选择 80 平方米和 106 平方米这两种户型，我带您去看一下样板间好吗？"

客户："好的！"

房产销售人员："王先生，您看，这是我们 80 平方米的户型，2 室 2 厅 1 厨 1 卫，南北通透，主卧和次卧都是朝南的，采光非常好。您看，整个卧室的地板我们采用了全木质地板，安全环保；厨房这一块我们采用的开放式设计，整个区域显得开阔不拥挤；卫生间我们做了干湿分离，非常方便，您如果住进去了，一定会感觉非常舒适，而且整体价格比较亲民，不会降低您的生活质量。"

客户："感觉各方面都还可以，就是有一点小，只能住 3 个人，可以看看 106 平方米这个户型吗？"

房产销售人员："106 平方米和 80 平方米的都是一样，南北通透，只是多了一个次卧和飘窗，您如果计划生二胎，还是可以考虑一下 106 平方米这个户型的。而且首付只比 80 平方米的户型多出几万元，月供多 1 000 元左右，性价比还是很高的。"

客户："106 平方米的户型看上去更宽敞，这样，我回家先跟我老婆商量一下再过来。"

房产销售人员："是这样的，王先生，我们这一期 106 平方米的户型只开一栋，预计只有 100 套，而且现在交资料的客户已经超过了 200 人，这一期的得房率并不高，如果您继续犹豫的话，最后选到房子的可能性是非常小的。"

客户："这么紧张啊！"

房产销售人员："是的王先生，这个地段这个价格的楼盘基本上没有了，相信您了解过这么多楼盘，您应该很清楚，不如您今天就先交个资料，选个户型，然后您再回家与您太太商量，以免后期您若想买这个户型，发现登记满了，无法购买，您说好不好？"

客户："好的，资料需要哪些呢？"

房产销售人员："身份证、户口本……"

情景分析

房产销售人员一般具备一些基本的营销策略，其中饥饿营销法是市场营销非常典型的营销方法，它运用于商品或服务的商业推广，是指商品提供者有意调低产量，以期达到调控供求关系、制造供不应求"假象"、以维护产品形象并维持商品较高售价和利润率的营销策略。它能激发购买者的紧张心理，刺激他们的购买欲望，使得客户不得不马上下定决心选择户型。

错误提醒

错误提醒：凸劣势，藏优势

房产销售人员："82 平方米、104 平方米和 132 平方米 3 种户型都是南北通透的，但每种户型都有不足的地方。"

客户："104 平方米的户型有哪些不足的地方呢？"

房产销售人员："厨房狭长，不好摆橱柜且厨房没窗户；客厅开间太小，客厅和餐厅没有分隔开；进入户门处有点浪费；阳台和厨房相连多此一举，入户门对楼梯间，等等。"

客户："这么多不足，那我确实要好好考虑。"

房产销售人员："……"

技巧运用

方法技巧：藏劣势，凸优势

（1）优势反复突出

初步确认客户需求的面积和户型后，在介绍过程中应注意分析客户对于户型的主要兴趣点，如户型的朝向、功能区布局等，并将主要兴趣点的优势反复加以突出、强调，从而加深客户对于该户型的印象。

（2）适当承认瑕疵

客户对户型提出问题（如厨房狭长、客厅开间小等），在确认该问题对户型不存在重要影响的情况下，可适当回应问题，获取客户的信任。

情景 62 催促客户交定金

情景模拟

（客户刘先生第二次看房）

房产销售人员："刘先生，您对我们楼盘已经比较了解了，您主要担心的是什么呢？"

客户："我觉得你们价格太贵了，按揭利息太高了，不划算，要是能再优惠一点就可以考虑了。"

房产销售人员："那您可以选择一次性付款啊！"

客户："那一次性付款能打折吗？"

房产销售人员："一次性付款或按揭对于开发商来说性质都是一样的，并且您选择的是性价比很高的房子，总价是最低的，将来升值空间很大的，您已经来了两次了，现在的价格已经比上次有所上涨了，不定就太可惜了，过段时间就更高了。"

客户："但是我还是觉得太贵了，要是能有折扣的话就基本上能定了。"

房产销售人员："现在已经接近尾盘了，马上三期就要推出了，我试着向公司申请一下，但是不能保证一定可以。"

（房产销售人员把李经理请到了现场）

李经理："这是最后一套低价的小两居户型了，如果两位能今天马上下定并一次性付款的话我可以利用我本人的权限帮忙申请。"（折扣逼定法）

客户："（犹豫了许久并打电话询问亲戚之后）好吧，签单吧！"

房产销售人员："好的，刘先生，您跟我来！"

情景分析

1. 巧用折扣逼定法

折扣逼定法利用现场优惠措施，通过进一步提高产品性价比，促使客户下定。折扣逼定法普遍适用于客户的消费心理，物美价廉是所有消费者的希望。在客户只需要进一步的鼓励，比如在价格上给予一定的让步，就可以马上下定时，给予客户优惠。房产销售人员有必要让客户知道折扣是通过争取才得到的，并且此优惠有一定的时效性。

2. 把握时机

抓住每一次成交的机会，判断好客户的购买能力，利用好价格优惠进一步肯定客户的选择。尽可能建议客户通过电话与家人沟通，缩短成交过程。

😞 错误提醒

错误提醒：信息前后不一致

客户："1 栋只剩下 501 了吗？"

房产销售人员："让我想想，好像还有两三套！"

客户："你之前说只剩 1 套呢！"

房产销售人员："……"

技 巧运用

方法技巧：前后一致

需提醒的是，在沟通过程中，过分夸张的表现不可取，另外沟通的内容需保持前后一致。

Chapter 6

第6章

促签约：怎么促成，怎么成交

促成客户签约购买是房产销售人员主要的工作目标。在与客户接触和沟通中，房产销售人员要善于捕捉促成购买的最佳时机和稍纵即逝的购买信号，善于主动创造成交的机会，并针对不同类型的客户采取不同的方法和技巧，促使客户做出最终的购买决策。

第1节　直接成交

情景63　直接促成法

情 景模拟

　　房产销售人员："李先生，您对这套房还有什么想法吗？"

　　客户：（沉思）"我如果付40%作为首付，其他的60%贷款，15年里，每个月我要交多少月供呢？"（购买信号）

　　房产销售人员："您稍等，我帮您算一下，60%的房款是×万元，分15年还清的话，每个月您还需要投资×元左右。根据您的财务状况和未来的发展前景，我相信这是不成问题的，您说是吧？您还有其他的什么问题吗？"

　　客户："你们可以保证按时交房吗？"（购买信号）

　　房产销售人员："我们公司至今为止的8年里，开发了12个项目，每一个都是按时交房的，除了××项目延迟了3天，也是因为当地遭遇天灾的缘故。您看看现在的施工进度，按时交房是不成问题的。其他方面您还有担心吗？"

　　客户："要是交房时出现问题，跟合同上写的不一样，我找谁去啊？"（购买信号）

　　房产销售人员："这个您放心，合同上都写明了，我们一起来看看合同，我给您详细解释一下，合同是这样的……"

　　房产销售人员："您看，合同我解释清楚了吗？您还有没有其他问题呢？"

　　客户："明白了，没问题了。"

　　房产销售人员："好的，李先生，那我们今天把您的新家定下来吧。这里需要您填写一下身份证号码……"

情 景分析

通常情况下，客户在购房时往往会再三斟酌，而不是果断地、主动地提出签约的要求，但是，客户在对某套房有强烈意向时，总会通过语言或者神情、动作发出一些购买的信号，这样的信号很可能转瞬即逝，因此，房产销售人员一定要及时地发现客户的信号，并准确把握时机引导客户成交。客户在做购买决定前往往会将顾虑和疑问表达出来，房产销售人员需要耐心、细心地一一解释说明，在确认客户的问题与异议都得到了解答后，便可以顺势、自然地提出成交的建议。

错误提醒

错误提醒1：绝对不要忽视客户发出的任何购买信号，在一次洽谈中，客户很可能只暴露一次这样的信号，如果房产销售人员错失了，就可能永远丧失成交的机会。

客户："你们可以保证按时交房吗？"

房产销售人员："当然，没问题。"

客户："你们这价格一点都不能降啦？"

房产销售人员："对不起，这是最低的价格了。"

客户："那好吧，我下次再来。"

错误提醒2：房产销售人员要敢于向客户主动提出成交的建议，或者做积极的引导，而不要听凭客户来下定决心购买。

客户："你们可以保证按时交房吗？"

房产销售人员："可以。"（被动应答会失去很多成交机会）

房产销售人员："如果我能确保这点的话，您是不是今天就可以定下来？"（主动引导增加成交机会）

技 巧运用

方法技巧1：**识别客户的购买信号**

客户的心理会影响他们的行为。当客户找到了满意的房子时，他们的语言、表情、行为会有微妙的变化，这就是购买信号。房产销售人员如果能够捕捉到以下这些信号，并巧妙地加以利用，成交机会会大大增加。

方法技巧2：**直接促成法**

直接促成法是指房产销售人员在确认客户对房子的意向比较强烈，并一一解答了客户所有异议和问题后，顺势提出成交建议的一种方法，也可以称为"ABC 法"，即客户提出 A 异议，则房产销售人员解决 A 异议，客户接着提出 B 异议，销售人员接着解决 B 异议，到客户的异议都被处理完毕，并获得客户的认同之后，房产销售人员自然地引导客户成交。

语言信号

1. 客户询问房子或者支付的细节，如 交房日期、交房手续、物业费用、房产证办理、房款折扣与优惠、按揭付款方案等
2. 客户询问其他客户的信息与购买情况
3. 客户坦诚告知自己的财务情况以及支付能力
4. 客户对房产销售人员的服务表示赞赏，并主动拉近双方关系
5. 客户的话题开始集中于某一点或某一方面，例如，将价格与其他楼盘相对比，询问楼盘的销售状况以及业主的构成情况等
6. 客户征询同伴的意见或者与同伴进行讨论
7. 客户不断认同房产销售人员的意见和解释
8. 客户询问折扣优惠的政策或者多次要求价格让步
9. 客户对售后的具体事项表示关注，并提出细节问题，如交房流程、如何验房、投诉及纠纷如何处理等

表情信号

1. 皱着眉头，进入思考或者犹豫状态
2. 表情由冷漠、深沉转为自然、亲切、随和
3. 眼睛转动由慢变快，眼神发亮且有神采
4. 由若有所思转为明朗轻松
5. 抿紧的嘴唇放开并直视房产销售人员
6. 听房产销售人员的介绍时眼睛睁大、闪闪发亮

行为信号

1. 反复、仔细地翻看购房合同以及其他资料
2. 仔细查看按揭方案以及利率表
3. 积极参与到谈话中并不断点头，对房产销售人员的话语及动作很关注
4. 坐着的姿势由前倾转为后仰，身体和语言都变得轻松
5. 倾斜身体靠近房产销售人员，以便认真倾听销售人员的话语
6. 突然用手轻敲桌子或身体某部位以帮助自己集中思路
7. 突然认真地直视房产销售人员
8. 由滔滔不绝突然变得沉默不语
9. 不再提问，转向思考

直接促成法适用于老客户、有购房经验的客户、善于理性思考和分析的客户，这种方法的优点是快速高效，缺点是应用时机不当时容易给客户造成很大的压力，从而破坏成交的气氛。以下是直接促成法的三段式话术模板。

第一步：询问客户对房子的看法和满意程度

"您觉得这套房子怎么样？"

"这套房子您满意吗？"

"您看需不需要我给您再介绍一下其他房子？"

第二步：询问客户存在的异议和问题

"您对这套房子还有什么顾虑吗？"

"您还有其他的担心或问题吗？"

第三步：提出成交建议

"如果您没有其他问题的话，我们今天把这套房定下来吧。"

"我们一起来看看合同，好吗？"

"我给您算算这套房需要投资多少，好吗？"

情景 64　假设促成法

情 景模拟

房产销售人员："李先生，您看这套房还满意吗？"

客户：（点头）"还可以。"

房产销售人员："需不需要我再给您介绍一下其他户型？"

客户："不用了。"（购买信号）

房产销售人员："那您看，要不要我跟销控台确认一下，看这套房有没有其他客户预订呢？"

客户："行，你问问吧。"（购买信号）

房产销售人员：（与销控台确认后）"李先生，这套房目前只有两位客户看过，还没有预订。我给您看看合同吧。"

客户："嗯。"

情 景分析

当客户对房子比较满意，并且异议也得到了很好的解决时，客户和房产销售人员都很容易陷入"矜持"的短暂沉默阶段，房产销售人员应该主动打破这种沉默，假定客户已经完全同意，从而试探性地提出成交的请求。假设促成法较为温和委婉，不会给客户造成太大的压力，即使客户对这种请求提出反对意见，房产销售人员也可以继续探询客户的想法并解决问题。

😞 错误提醒

错误提醒 1：房产销售人员在使用假设促成法之前，一定要确认客户对房子是否满意，如果让客户买一套他们不喜欢的房子，只会暴露出销售人员的急功近利。

房产销售人员："您看，如果没问题的话，您今天就把这套 802 给定下来吧。"

客户："我都不喜欢这套房，怎么定啊！"

错误提醒 2：在向客户提出成交请求时，房产销售人员要注意措辞，尽量不给客户造成压力或刺激。

房产销售人员："如果您觉得满意，今天就能买下来吧?"（"买"字刺激性太强烈）

房产销售人员："我给您算算买这套房需要付多少钱吧。"（"付钱"让客户意识到自己将要花一大笔钱，给客户造成压力）

房产销售人员："您今天先交一下 2 000 元的定金吧！"（"交定金"同样也会给客户带来心理压力）

🔍 技巧运用

方法技巧 1：假设促成法

假设促成法是指在客户有意向并且无明显异议的基础上，房产销售人员先假定客户准备购买，再通过提出一些具体的交易细节问题，直接要求客户购买的方法。这种促成方法是在假设的基础上提出的，因此销售人员即使被拒绝也依然有很大的回旋余地，同时不会给客户太大的压力。

运用假设促成法，房产销售人员应注意以下内容。

1. 语言要尽量委婉、温和，让客户在心理上难以拒绝，例如以下表达方式。

直白刺激性的成交建议语言	委婉温和的成交建议语言
"您这么喜欢这套房，今天就买下来吧！"	"您这么喜欢这个新家，今天就定下来吧！"
"我给您算算这套房一共需要多少钱。"	"我给您算算这套房需要投资多少。"
"您先交 2 000 元的定金吧！"	"您可以先把这套房预订下来，只需要 2 000 元。"
"您看没问题的话，我们签合同吧！"	"我们一起来看看这份合同吧！"

2. 提出成交请求时，房产销售人员依然要保持原来自然的洽谈气氛，不要心浮气躁，否则无形中会暴露出销售人员急于成交的心理，让客户望而生畏。

方法技巧 2：假设促成法示例

"李先生，找到好房子不容易，我们先把它预订下来吧。"

"李先生，有了这个新家，您孩子就不用每天坐一个多小时的车上学了，他一定会很高兴的，您说是吧？"

"李先生，我们一起来看看合同吧，您的身份证号码是？"

"李先生，这份合同上您希望签谁的名字呢？"

情景 65　选择促成法

情景模拟

房产销售人员："李先生，您更偏向 802 这套房，还是 902 呢？"

客户："902 好一点，我就喜欢楼层高一些的，敞亮，景致也好。"

房产销售人员："没错，家当然是越敞亮、越舒适越好。那您倾向于一次性付款，还是贷款？"

客户："需要贷一部分款，我大概能付四成的首付吧。"

房产销售人员："您想分成 10 年期，15 年期，还是 20 年的呢？"

客户："15 年的吧，这样我就能在 45 岁前把钱还清了。"

房产销售人员："李先生，看得出来，您是个很注重人生长远规划的人，难怪您现在能发展得这么成功。我也觉得 15 年期是非常不错的选择。我给您算一下吧，这套房六成房款做 15 年期的贷款，每个月您只需要投资×元。这笔投资对您来说是完全能够承受的，没错吧？"

客户："能承受，但也不轻松啊。"

房产销售人员："为了家人的美好生活，这一切都是值得的。我来给您详细讲讲这份合同吧……"

房产销售人员："您对这份合同还有什么意见吗？"

客户：（沉默）"……"

房产销售人员："那您看合同上是签您的名字，还是太太的呢？"

客户："签我的吧。"

情景分析

很多客户在选好房后进入最后成交阶段时，往往会犹豫不定，这需要房产销售人员主动地向客户提出成交细节的若干方案，并请客户从中做出选择。一般来说，设置此类问题时不要给客户提供太多的选择方案，两三项就足够了，无论客户选择哪种方案都等于默认了购买。房产销售人员在提出这类问题时，语气神色都要自然，不要让客户意识到自己是被圈定在一定范围内做有限的选择。

错误提醒

错误提醒 1：不要给客户太多的选择空间，这只会让犹豫的客户更犹豫，让成交更加困难。

房产销售人员："李先生，我们今天看了四套房，A、B、C、D，您最喜欢哪套房呢？"

客户："B 朝向好，C 景观好，D 户型特别时尚，我都很喜欢的。"

错误提醒 2：房产销售人员提出多种选择方案时，语气不要太生硬，否则客户会觉察到无论如何选择结果都是要购买，从而产生逃避的念想。

房产销售人员："李先生，贷款的话有 10 年期、15 年期、20 年期，您自己选一种吧！"

客户："不管我选了哪种都等于是把这套房定了，是不？我再想想。"

技巧运用

方法技巧：选择促成法

选择促成法最具代表性的例子就是"您是加两个蛋，还是加一个蛋呢？"也就是说，房产销售人员为客户提供了两三种选择，而无论客户选择哪一种，都意味着销售目标的实现。选择促成法适用于缺乏决断力、犹豫不决的客户。表面上看，选择的主动权似乎在客户手中，但事实上却是客户没有选择"买"还是"不买"的权利，而只有选择"买这个"还是"买那个"的权利，这是一种必然导致成交的选择。

"您更偏向 A 套房还是 B 套房？"

"您是愿意付全款还是贷款呢？"

"您贷款想分成 10 年期，还是 15 年期呢？"

"您首付想付 30%，还是 40% 呢？"

"合同上您希望签自己的名字呢，还是太太的呢？"

"您希望我们将这套房保留一天，还是两天呢？"

"定金您看是交 1 000 元呢，还是 2 000 元呢？"

情景 66　让步促成法

情 景模拟

客户："价格能再便宜一点吗？4 800 元太贵了，附近的楼盘最高价也就 4 500 元。"

房产销售人员："李先生，您也看到了，刚刚我找了经理 3 次，他才答应给您九七折的特殊优惠，4 800 元是最低价了，您要不信，我可以带您去查我们这两天签的所有单子，没有一套房是以更低价出售的。"（强调自己为争取优惠所做的努力）

客户："小王，你再去问问吧，再低一点，我立马就定了。"

房产销售人员："您确定今天能定下这套房吗？如果您今天能定下来的话，我也有底气跟经理商量。"（关键性问题）

客户："当然。"

房产销售人员："那您等一下，我请经理过来谈谈，好吧？"（请来经理与客户沟通）

经理："李先生，您的情况刚才小王跟我说了，不是我不知道变通，这 4 800 元确实是最低价，您肯定也知道，与附近的楼盘相比，这样的地段、这样的小区环境，4 800 元的价格是很实在的。"

房产销售人员："经理，李先生是我的老客户，他来了 3 次了，每次都要开 1 个多小时车赶过来，真的很有诚意，您就特批一点优惠吧。"

经理："是这样啊。李先生，真是谢谢您对我们楼盘的关注。冲您这份诚意，我跟您实话实说吧，4 800 元的价格是公司定出的最低价，其他客户买房的价格都在这个价位之上，如果可以降价，而降价又能留住您，那我早同意小王的要求了。这样吧，我们赠您 1 年的物业管理费，相当于 3 600 元，算是我们的一点心意。

客户："好吧。"

情景分析

如果成交的所有障碍都已经排除，只剩下客户对价格的疑虑，并且客户坚持一定要获得实质性让步才肯签约。在这种情况下，房产销售人员首先要考虑客户的要求是否在自己的折扣权限内，如果自己可以做主，则再三坚持原价后可以顺势做出一些让步；如果超越了自己的权限，则必须向经理或其他上级申请。无论是否做出让步，让步的幅度有多大，房产销售人员都要让客户相信两点：一是销售人员已经付出了巨大的努力去争取过了，二是让步后的价格是实实在在的最低价，绝不可能再低。这样，客户才会终止砍价，满意地下定或签约。

错误提醒

错误提醒 1：让步绝对不能太爽快

客户："九六折还是太贵了，九五折行吗？行我就买。"

房产销售人员："没问题，那就九五折吧。"

客户："这么爽快？你们的价格不实吧？九三折，行不行？"

错误提醒 2：绝对不要超越权限给客户优惠价格或折扣

客户："再低一点，九五折吧。"

房产销售人员："九五折我做不了主，这个只有经理才能决定。经理今天不在呢。"

客户："就算你们经理在，也会批的，就九五折吧，我现在就交定金。"

房产销售人员："那好吧，这一回我就先斩后奏。"

技巧运用

让步促成法

让步促成法是指房产销售人员通过价格的让步或者提出优惠条件，促使客户即刻做出购买决定的方法。在运用让步法时，房产销售人员要注意以下几点。

1. 明确自身的折扣权限，超出权限范围的必须向相关的上级提出申请。

2. 在向客户让步前，可以要求客户付一部分定金，这样可以增加成功的胜算，例如，房产销售人员可以这样说，举例如下。

"李先生，您看能不能先付一点定金，这样会显得您很有诚意，我也好向经理提出您的要求，您说行吗？"

"李先生，上次有一位客户非要九六折，我找了经理四次才把价格批下来，您要求九五折我真的很难跟经理开口，您看要不这样，您交一点定金，这样我也好跟经理谈，如果九五折的优惠批不下来，我们再退还您的定金，您看行吗？"

3. 为了让客户意识到优惠的来之不易和价格的不可再降，房产销售人员可以请来经理，这样客户会更珍惜最终落实下来的优惠，也会增加对房产销售人员的好感与信任。

"经理，李先生都已经在对面的楼盘下了定金了，看了我们的房子觉得比那边的好，才愿意放弃已经交上去的定金来我们这里看房的，您就特批一点优惠吧。"

"经理，李先生之前给我介绍过两个客户，现在都下定了，这回李先生自己要买房，我觉得应该特批一个优惠价格，请您一定要考虑一下。"

情景 67 利益促成法

情 景模拟

客户："这套 802 的单价是每平方米 5 500 元，我之前在附近的××楼盘看的才每平方米 5 200 元。"

房产销售人员："李先生，我们这个楼盘也有 5 200 元每平方米的房子，就在斜对面的 10 号楼。"（试探客户的真实想法）

客户："10 号楼的房子我不考虑，朝着高速路，从早到晚闹哄哄的，而且朝着东北方向，房间里都没有多少阳光。"（表明意向）

房产销售人员："看来您是个非常讲究生活品质的人，您想尽力让家人过上优质的生活，对吧？在 802 这套房安家，您和家人每天都能从温暖的阳光中醒来，从阳台放眼一望就是山清水秀的中心花园。孩子上学就在楼下，不仅近，还安全。这里交通也很方便，每天早上您从三环线开车上班，不过 10 多分钟，以后就会有更多的时间和家人在一起。我想，这不仅是您理想的生活，也是您孩子、妻子向往的生活。把家安在这里，不仅保证了您的生活品质，而且凸显了您的地位和成就。好家、好邻里和好生活，相比这些来说，两三百元的价格差对您来说并不那么重要，您说是不是?"(强调房子的价值和利益)

客户：(沉默)"……"

房产销售人员："李先生，您的选择是正确的。我来给您说说这份合同，好吗?"

客户："行吧。"

情景分析

客户购房时，归根结底，最关注的还是房子本身的价值和利益，其他的因素，例如降价、折扣、优惠等只能起到锦上添花的效果。因此，房产销售人员如果能确定客户对房子的满意程度，就可以直入主题，将房子的价值、利益、优势、卖点不断地进行总结、提炼、重复、强调，将客户带入到生动形象的想象之中，让客户提前体验到房子能给自己生活带来的改变。当客户完全沉入这种情景时，房产销售人员再顺势提出成交的建议，就极有可能获得客户积极的回应。

错误提醒

错误提醒 1：房产销售人员在强调了房子的利益和价值，并成功将客户引导至成交这一步后，要及时地"刹车"，不要再喋喋不休地重述房子卖点，要适当地保持沉默，让客户利用这段时间来短暂思考并回味，最后做出决定。

错误提醒 2：在最终的决策阶段使用利益促成法时，房产销售人员要注意，不要将所有卖点一一回顾重述，只需要提炼客户最关注的卖点，强调房子最契合客户需求的优势，这样才能让客户更加明确这套房子对自己的特殊意义所在。

技巧运用

利益促成法

利益促成法是指房产销售人员以房子的价值和利益来吸引客户，促使客户采取购买行为的方法。购房是一笔巨大的投资，客户只有在确保房子对自己有利益、有价值，能够满足自己最主要的需求的情况下，才有可能做出购买决定。因此，让客户不断地重温和体验房子的利益，是引导成交的一种有效方法。使用利益促成法时，房产销售人员应该注意以下几点。

③

当客户被房子的价值和利益所吸引，开始认真考虑销售人员的成交建议时，房产销售人员要及时转换话题或者保持沉默，不要再重述房子的卖点或催促客户做出决定，要让客户有短暂的时间去自主思考，这样更有利于交易的快速达成

②

针对客户的需求，提炼出1~3个卖点，引导客户充分去体验和想象

①

先确认客户对房子的满意度，锁定意向房型，再挖掘出这套房子最能吸引客户的卖点

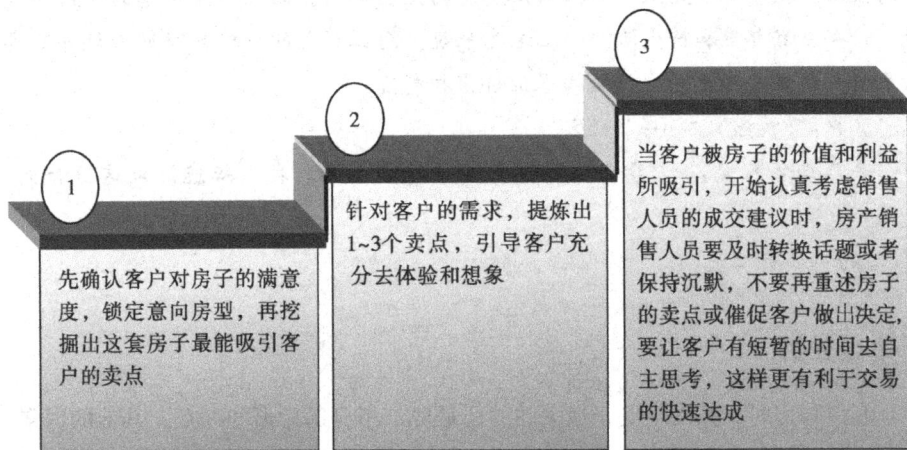

情景 68　对比促成法

情 景模拟

客户："这套房真值 45 万元？以后会不会降价呢？"（购买信号）

房产销售人员："您是担心房子买贵了，还有就是怕买了房之后贬值，是吧？"

客户："没错。"

房产销售人员："您认为我们小区的环境和房子与××楼盘的相比，哪个您更喜欢呢？"

客户："当然是你们这里，要不然我早去××楼盘了嘛。"

房产销售人员："是啊，我们小区紧邻森林公园，并且与本市最好的学校仅一步之遥，这样优越的条件，我们的价格却只比××楼盘每平方米高出 200 元。"（横向比较）

房产销售人员："我们 1 期开盘的时候，均价是 3 600 元，而现在的 2 期，开盘价是 4 500 元，一直在平稳上升。"（纵向比较）

房产销售人员："我们这块区域确实不是市内最发达的，但却是今后市政规划建设的重点，您接触的世面比我广，肯定知道今年××高校将在这边建立分校区，而且会有一大批名企在这一带落户。未来这个楼盘的升值潜力是非常大的。您认为呢？"

客户："这个我也听说过，所以想在这一带安家嘛。"

房产销售人员："所以您一定要相信自己的选择是明智的。您是打算一次性付款还是贷款呢？"（心理暗示）

客户："我想付 40% 的首付，其他的分 15 年贷款，你算算……"

情 景分析

买房子对客户来说是慎之又慎的大事，他们总是希望自己买到的房子是最好的。如果房产销售人员能够坚定客户的信心，那么成交就不是问题。要让客户相信现在买的房子是最好的，房产销售人员可以纵向对比项目的前期与后期，还可以与其他楼盘项目做横向的比较，最好细化到每一个具体的考量指标和数据。全面分析之后，销售人员应该以平稳、自信的语气告诉客户他们的选择是明智的。这是一种强有力的心理暗示，能够有效地鼓励客户做出购买决定。

错误提醒

错误提醒 1：在进行横向对比时，房产销售人员要尽量选择对客户吸引力较小的楼盘进行比较，否则很容易转移客户的注意力，让他们对其他楼盘更加热衷。

房产销售人员："我们的价格每平方米比 ×× 楼盘还要便宜 200 元呢。"

客户："是吗？是那个商业中心附近的 ×× 楼盘吗？我以为他们价格会很贵呢，原来只比你们贵了 200 元啊，那我先去那边看看。"

错误提醒 2：房产销售人员在进行纵横对比时，一定要保持自信，如果在比较时闪烁其词，或者支支吾吾，很难取得客户的信任。

客户："你们和对面的 ×× 楼盘相比怎么样？"

房产销售人员："我们的价格要低一些，好像每平方米都要便宜一两百元。"

客户："是吗？"

房产销售人员："应该是这样的。"

技 巧运用

方法技巧 1：对比促成法

对比促成法主要是通过具体、深入的对比来坚定和加强客户的购买信心。项目不同时期之间的纵向对比，突出的是即刻购买的优势；不同项目之间的横向对比，突出的是购买本楼盘项目的优势。运用对比促成法时，房产销售人员要注意以下两点。

1. 可控性	2. 真实性
对比时尽量选择客户不感兴趣的或者处于明显劣势的对象，这样可以防止客户经提醒而转移注意力	进行对比时房产销售人员应该拿出具体的、可信的数据或者事实，让客户相信这种对比的真实性

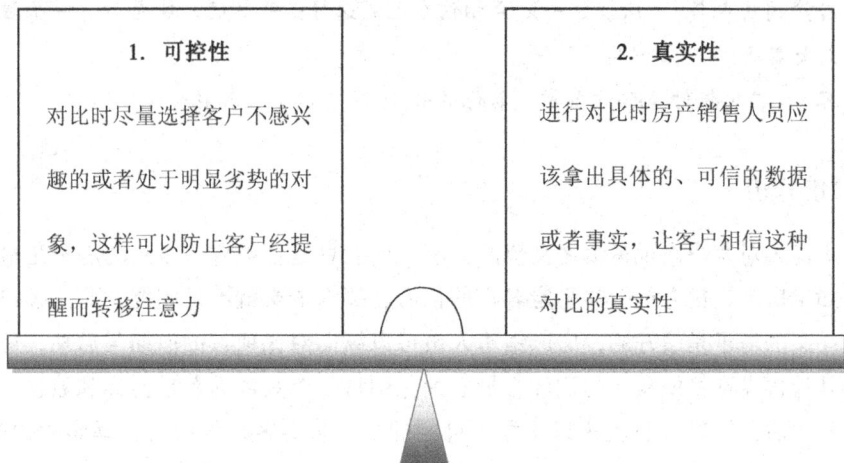

方法技巧2：运用心理暗示

　　自信是可以传染的，房产销售人员虽然无法直接影响客户的心态和情绪，但是可以通过自己的心态和情绪来感染对方，尤其是当客户被引到即将成交时，如果房产销售人员能够运用心理暗示，将信心和勇气传递给客户，就可以让客户快速、果断地做出决策，例如，房产销售人员可以通过坚定有力的握手来传达这种自信，也可以直视客户且语调平稳有力。举例如下。

　　"李先生，请您相信自己，这一次您的决定是明智的。"

　　"李先生，您放心，把家安在这里，您绝对不会后悔的。"

　　"李先生，您的妻子和孩子会很高兴您为他们选择了这样一个美丽舒适的新家！"

情景69　实例促成法

情 景模拟

　　客户："今天很晚了，我还有点事，明天再来定这套房吧。"

　　房产销售人员："李先生，您确定看好这套房了吗?"（确认意向）

　　客户："嗯，我看了5个楼盘了，就这套房比较合我心意。"（购买信号）

　　房产销售人员："我建议您如果真的喜欢，不妨今天预订下来。您看，刚刚那两个打成一团的客户，就是为争一套房。一位是昨天看好的，今天过来交定金，不巧的是另一位客户今天也看中了这套房，两个人都想要，于是就吵起来了。您看的这种 3 居室户型是很受欢迎的，每天有一半的客户是想买 3 居室户型的，可是现在这种房只有 10 多套，因此，经常出现客户争房吵架的事。您今天可以先预订，明天趁着周末带上太太、孩子一起来看看，如果满意就可以签合同，如果不满意，我们也可以把定金退还您。只要您今天定下来了，3 天之内，其他客户就是再喜欢这套房，我们也不能做推荐，这样，您也不用担心好房子被别人看中买走，您说对吧?"（举现场的实例）

客户："哦，这样啊。"

房产销售人员："您跟我来这边交一下定金吧……"

情景分析

现在购房的客户已经日渐成熟，日趋专业，房产销售人员一板一眼的介绍都不足以让客户百分百地相信，如果房产销售人员能够列举出一些具有可信度的实例，最好是客户亲身经历或者亲眼看见的例子来作为佐证，那么销售人员的叙述可能会更容易取信于客户。

错误提醒

错误提醒 1：房产销售人员所选择的实例必须与客户有某种关联，并能直接影响到客户决策。如果客户看好的是 3 居室户型，但房产销售人员却一直列举两房销售火爆的一些例子，这样对客户的吸引力就不够大。

错误提醒 2：举例子是为了赢取客户的深度信任，如果房产销售人员所举的例子让客户一听就觉得虚假，那么还不如不举例子。

客户："这种西北朝向的房子应该没什么人买吧?"

房产销售人员："怎么会呢，买的人可多了，我们开盘不到 1 周，一些经典户型还没卖完，这种朝向的户型就已经只剩下两三套了。"

客户："你说话太不实在了，这种西北朝向的房子靠着大马路，又吵，还没阳光，能卖那么快才怪呢。"

技巧运用

实例促成法

房产销售人员在平时应该多收集一些有助于说服客户的故事、案例、外界评价和报道等，实例越真实、越客观，对客户也就越具有说服力。运用实例促成法时房产销售人员需要注意以下几点。

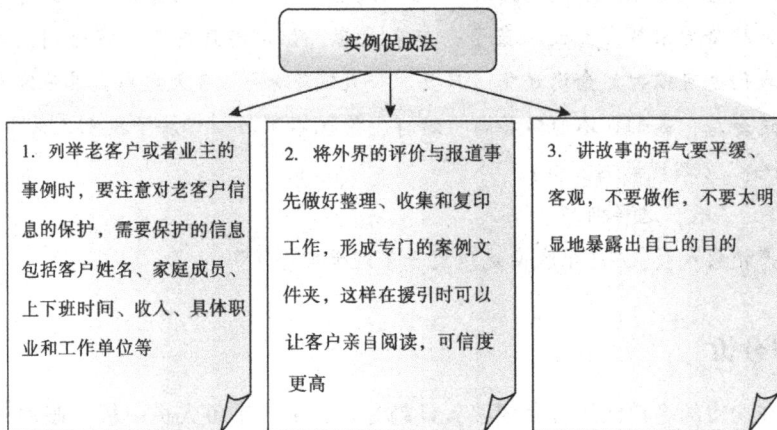

```
              ┌─────────────┐
              │  实例促成法   │
              └─────────────┘
        ┌────────────┼────────────┐
        ▼            ▼            ▼
```

1. 列举老客户或者业主的事例时，要注意对老客户信息的保护，需要保护的信息包括客户姓名、家庭成员、上下班时间、收入、具体职业和工作单位等

2. 将外界的评价与报道事先做好整理、收集和复印工作，形成专门的案例文件夹，这样在援引时可以让客户亲自阅读，可信度更高

3. 讲故事的语气要平缓、客观，不要做作，不要太明显地暴露出自己的目的

情景70 最后一问法

情景模拟

客户："最近房价这么不稳定，如果我今天定了，过几天你们就降价打折，怎么办？"

房产销售人员："李先生，除了这个问题，您还有没有其他的顾虑呢？"

客户："没了。"

房产销售人员："也就是说，如果这个问题能够解决，您今天定下这套房就没什么问题了，是吧？"

客户："嗯。"

房产销售人员："这么说吧，李先生，我刚给您的报价是最低的折扣，九五折，这是考虑到我们的成本之后，公司确定的最低折扣，不会再有更低的价格了，这个如果您不放心，我们可以在合同中注明，如果我们这一期的同类型房子以后出现九五折以下的折扣，我们双倍返还您的差价，您看，这样放心了吧？"

客户："哦，这还差不多。"

房产销售人员："李先生，我们来看看这份合同吧……"

情景分析

当客户频频提问，对房子的兴趣和喜爱溢于言表时，房产销售人员在一一解答了客户的主要异议和疑虑后，要适时地、巧妙地阻止客户继续不断地提出问题，那么这时候就需要用到"最后一问"的方法，即假定客户提出的问题是成交的最后一个障碍，只要解决了这个问题，客户就可以顺理成章地购房。在获得客户的肯定或认可后，房产销售人员再对这最后一个问题进行阐述，然后主动提出成交的建议，客户一般都会顺势决定购买。

错误提醒

错误提醒1：在客户尚未明确中意的具体户型前，不能使用最后一问法，这会让客户对房产销售人员的急躁产生不满或排斥。

错误提醒2：如果客户的主要异议和关键的疑虑都没有消除，房产销售人员就提出了最后一问，这很难取得理想效果，因为客户对房子还有不满意或者不放心的地方，这些问题没有解决，客户即使接受了最后一问的假设，也会继续提出想问的问题。

技巧运用

最后一问法

最后一问法是指在客户对意向户型的各种实质的、重要的异议都得到及时的解决后，房产销售人员适时抓住客户提出的某个问题，假定其为最后一问，待解决完毕后立刻主动提出成交建议的方法。使用最后一问法，房产销售人员要注意以下几点。

1. 最后一问法的前提条件是客户的主要异议已经得到全面的解决。

2. 最后一个问题一般应该是次要的、非关键性的。

3. 提出最后一问的假设时，房产销售人员要注意用语和表达的方式，不要让客户觉察到销售人员"逼定"的企图，常用的话术有以下几种。

"李先生，我想和您确认一下，除了这个问题，您还有没有其他的担心呢？"

"李先生，这是不是困扰您的最后一个问题呢？"

"李先生，是不是我跟您确保了这一点，您今天就可以定下这套房啦？"

"李先生，如果我能解决这个问题，您是不是就能做出决定了？"

"李先生，我想知道我们如果能就价格问题达成一致的话，您今天预订这套房是不是就没有什么问题了？"

情景71　富兰克林法

情 景模拟

客户很喜欢房产销售人员推荐的房子，但是一直下不了购买决心。

房产销售人员："李先生，看得出来您很喜欢这套房，只是现在还不确定是不是应该马上定下来，是吗？"

客户："嗯，真是很难下决心。"

房产销售人员："没关系，之前跟您聊了这么多次，我感觉到您是一个思维非常缜密又很擅长分析的人。我们不妨也来分析分析这套房，看看现在预订对您有哪些有利和不利的地方，这样您也就更容易选择了。您说好吗？"

客户："这个主意不错。"

房产销售人员："李先生，买这套房对您有利的地方，我想了几点：这套房子朝向非常好，能俯瞰森林公园的美景，景观相当别致，而且户型合理，方便您布置装修；小区内外有两个公园，环境非常好；配套设施齐全，尤其是少儿和老人活动中心，能为您的孩子和父母创造良好的社交环境；这里是黄金地段，也是市政规划的重点，有巨大的升值潜力。我暂时想到了这么四点，您觉得还有哪些是对您有利的呢？"（让客户参与进来）

客户："孩子上学方便多了，这个学校是市内最好的，我一直希望孩子在这儿上学。"

房产销售人员："哦，没错，这一点也是非常有利的。那我们再来想想有哪些是对您不利的呢？"（让客户参与进来）

客户："这是期房，不比现房，得8个月后才能拿到房子，还有你们的价格比其他楼盘要贵出300~500元呢。"

房产销售人员："嗯，没错，因为小区优质的自然环境和教育氛围，因此每平方米的价格确实比周边的要高一些，这也提升了我们小区的品质和档次，您说呢？我觉得不利的地方还有两点，第一点是您将来上班还是比较远，需要20~30分钟的车程；第二点是10个月后这里将修建地铁，会用两三个月的时间，这会带来一定的噪声。不过地铁通车后，这里离市中心就更方便了。"

客户："是啊。"

房产销售人员："您看，我们刚讨论的有利和不利之处都列在这张表里，您可以权衡一下，看看有利的多，还是不利的多，然后您就可以决定应不应该买这套房了。"

有利方面	不利方面
房子朝向好，景观美丽，户型合理 小区内外两大公园，环境非常好 小区配套设施齐全，有少儿和老人活动中心 孩子能入读优质小学，上学方便 黄金地段，有巨大的升值潜力	期房，需要等待 8 个月的时间才能入住；房价比周边其他楼盘每平方米高 300~500元；上班路程较远，需要 20~30 分钟车程；10 个月后附近将修建地铁，会有一定噪声影响

客户："嗯，现在我觉得脑子清楚多了，你这招真管用。"

房产销售人员："那我们一起来看看合同吧……"

情景分析

很多理性且擅长分析的客户，往往很难被房产销售人员生动的介绍以及完美的样板房所打动，在是否购房这个问题上，这类客户更倾向于理性的分析与对比。因此，房产销售人员可以运用富兰克林法，将购房对客户有利和不利的方面一一摆明，让客户能够直观、清楚地去认识、分析。在这样一番对比之后，客户很可能会坚定信心，做出购买决定。

错误提醒

错误提醒1：富兰克林法虽然是在对比优势和劣势、有利和不利，但房产销售人员应该明白，突出优势、强调有利的一面才是重点。因此，不要将楼盘项目和房子的缺点全部告知客户，这会让客户更加没有信心购买。

错误提醒2：房产销售人员不要唱"独角戏"，而是要让客户参与进来。同时，房产销售人员不应该罗列太多优点，这会有自卖自夸的嫌疑，也就失去了比较的意义。

技巧运用

方法技巧1：富兰克林法

富兰克林法是指将产品的优势和劣势、有利的一面和不利的一面分别罗列出来并进行对比，让客户可以清晰地判断，从而可以快速、理智地做出决定。当使用富兰克林法时，房产销售人员要注意以下三点。

优点少而精	缺点要淡化	让客户参与
优点要少而精，列出3~5条即可，每一条都要紧扣客户的需求，并且必须是确实存在、客户可以看见或感知到的	缺点最好让客户自己来提，这样房产销售人员就可以有针对性地做出解释和说明，以淡化甚至逆转缺点。列出1~3条缺点即可，且这些缺点最好对客户的主导需求影响不大	一定要让客户充分参与进来，这能极大地提升富兰克林分析结果的可信度，客户也更乐意接受和认可分析的结果

方法技巧2：运用图形图表辅助销售

图形或图表是一种简单有效的销售辅助手段，尤其是在房产销售人员与客户条分缕析问题时很有帮助。它的优点在于以下几个方面。

1 能帮助房产销售人员准确记录，保持清晰的思路

2 可视化强，让双方一目了然地看到分析问题的具体过程

3 改变了单纯的语言交流模式，能吸引客户的注意力

4 体现房产销售人员的专业与专注，赢得客户的信任

第2节 心理成交

情景72 激将促成法

情景模拟

情景1

客户："我想再考虑一下。"

房产销售人员："李先生，是不是这套房您不太满意呢？"

客户："当然不是。这套房没问题，但是买房也不是一两天的事，我需要时间考虑。"

房产销售人员："李先生，我想，如果您把买房看成您的一项工作，您很快就能做出决定。"（引起客户的好奇心）

客户："为什么这么说呢？"

房产销售人员："您这么年轻就能成为大企业的经理，说明您有着非凡的决策能力。如果一个项目能为公司和您自己带来利益，只要合理合法，您肯定会当机立断，对吧？"（为接下来的顺利成交进行铺垫）

客户："那当然。"

房产销售人员："其实，选房子也是一样，只要承担得起，您肯定希望能够给家人一个安定、舒适、温馨的家，您说是不是这样呢？"

客户："当然，这是一家之主的责任嘛。"

房产销售人员："那您还犹豫什么呢？在这里安家，您太太不用每天奔波太远去上班，您孩子可以上市内最好的且离家最近的学校，您父母可以有一群同龄的老人时常聚聚聊聊老人们的话题，这是一个非常幸福美满的家庭，不是吗？"

客户："嗯……"

房产销售人员："我们来看看这份合同吧……"

情景2

客户："这套房我先考虑一下。"

房产销售人员："李先生，您在××大楼上班，那一定认识××公司的赵总吧？"

客户："老赵啊，他是我以前的同事呢，这个楼盘就是他推荐我来看的。"

房产销售人员："是吗？赵先生前天在我们这里定了两套房，1套3居室用来自己住，1套2居室用来投资。他对我们这个楼盘很喜欢，说在这里买房的业主都是附近大企业的高层，居住环境比较好。"

客户："他真买了两套？"

房产销售人员："是啊，两套，付的全款，走的时候赵先生还说要介绍几个很不错的朋友来看看，原来说的是您。"

客户："好的"。

房产销售人员："您看今天是先预订这套房呢，还是直接定下来呢？"

客户："先预订吧。"

情景分析

房产销售人员一般都有这样的经验：对有些客户来说，房产销售人员无论怎么劝说，他们都难以立刻做出决定，但是只要给以适当的刺激，客户往往很快就签约了。这种刺激可能来自客户自身，也可能来自房子本身，还可能来自其他客户。那么，选择什么话题来刺激客户呢？房产销售人员首先要摸清客户的要害所在，对非常自信、有决断力的客户，房产销售人员可以通过赞美来促进客户做出决策；对非常满意房子的客户，销售人员可以通过强调房子的价值与利益，或者制造房源紧张的效果来刺激客户；对重视品位与档次的客户，房产销售人员可以通过描述其他客户的购买情况来激励客户做出决定。

错误提醒

错误提醒1：激将法不是激怒法，房产销售人员使用激将法时要关注客户的反应，避免过激给客户留下负面印象。

房产销售人员："您知道吗？您朋友赵先生当时看好了两套房，很果断地就买下了，付的还是全款呢。您现在看的这套房比赵先生当初看的两套房都要便宜呢。"

客户："是吗？那你把这套房也卖给赵先生吧，我买不起！"

错误提醒2： 激将要言之有据，不要以虚假的、夸大的事件来刺激客户。

房产销售人员："李先生，我们这种户型只剩下两套了，一套是802，一套是502，那边有一位客户觉得5层太低，也比较倾向于802，您如果喜欢就赶紧定下来吧。"

客户："这么巧？我去跟他认识认识……"

技 巧运用

方法技巧：激将促成法

喜欢得到赞美是人的本性，房产销售人员如果能巧妙利用人的这一特性，在适当的时候激励客户、赞美客户，可以极大地激发客户购买的欲望，促使客户下定决心来购买。在使用激将法时，房产销售人员要注意以下三点。

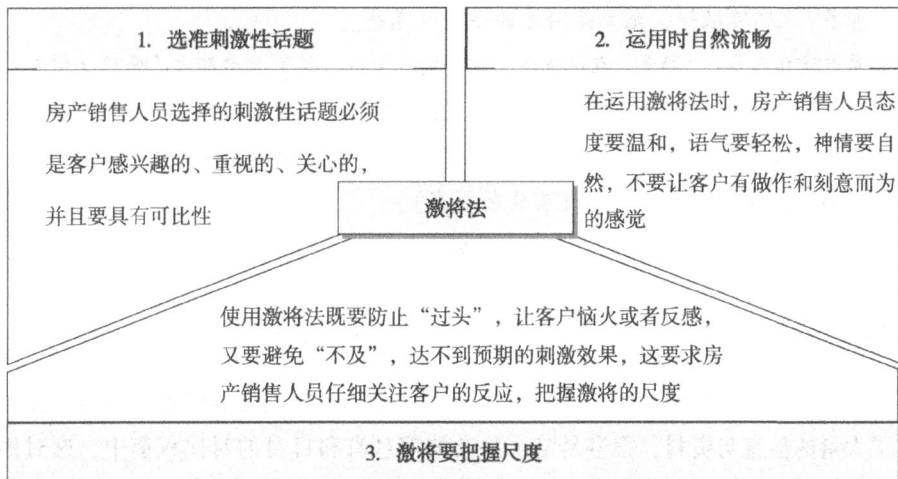

1. 选准刺激性话题	2. 运用时自然流畅
房产销售人员选择的刺激性话题必须是客户感兴趣的、重视的、关心的，并且要具有可比性	在运用激将法时，房产销售人员态度要温和，语气要轻松，神情要自然，不要让客户有做作和刻意而为的感觉

激将法

使用激将法既要防止"过头"，让客户恼火或者反感，又要避免"不及"，达不到预期的刺激效果，这要求房产销售人员仔细关注客户的反应，把握激将的尺度

3. 激将要把握尺度

情景73 引导促成法

情 景模拟

客户选中了一套很满意的房子，但一直犹豫，房产销售人员拿出合同给客户

细致地讲解了一遍，客户看完后陷入沉思。

房产销售人员："李先生，您是不是对这套房不太满意啊？"

客户："不是。"

房产销售人员："那是不是我没讲清楚合同，还是您觉得合同有问题呢？"

客户："没有，合同你解释得很清楚。"

房产销售人员："这么说，您主要是担心什么呢？"

客户："我也没什么问题，但买房这么大个事，匆匆忙忙做决定不好。"

房产销售人员："李先生，看来您做事相当稳重。您说得对，买房不应该匆匆决定，但如果真的遇上一套好房，那么及时抓住机会也是必要的，您说是不是？"（引导）

客户："这倒是。"

房产销售人员："您买这套房最想得到的、最看重的是什么呢？"（回归需求）

客户："环境好，大人上班方便，孩子上学也比较近，一家人住得舒服点。"

房产销售人员："那么，您觉得这套房环境怎么样？"（引导）

客户："环境很好，尤其是附近的公园很漂亮。"

房产销售人员："那么，在这里住，您和爱人上班、孩子上学都方便吗？"（引导）

客户："比之前住的地方好多了，不仅我们上班近，孩子上学更近，我们放心。"

房产销售人员："李先生，您看，这不就是您理想中的房子吗？买这套房子，您绝对不会后悔。"（讲完之后适当保持沉默）

客户：（沉思了一会儿）"好吧，那就这套房吧。"

情景分析

客户在经过反复的现场考察、对比，以及房产销售人员的讲解介绍后，接收到了大量的信息与资料，很容易陷入复杂的信息流和盲目的对比权衡中，这时候如果直接建议客户购买，当然不能达到理想的效果，因此，房产销售人员一步步引导客户回到最本质的需求，并将房子的价值和利益与客户的需求紧密结合，让客户经过一番权衡，最终意识到这套房子就是理想中的房子，从而下定购房决心。

错误提醒

错误提醒1：既然是引导客户，那么房产销售人员首先要保持一个清醒的头脑，引导时有逻辑、有条理、有效果。如果提问毫无章法，东问一句西问一句，那么不仅连自己都说服不了，也会让客户更迷糊。

错误提醒 2：房产销售人员在诱导客户时要注意语调语气，不要表现出强硬的态度，这会让客户感受到被动和压抑，房产销售人员也很难获得客户的配合。

房产销售人员："李先生，您觉得我们这个小区的生活环境是不是很美？"

客户："是的。"

房产销售人员："您当时不就是想找一套环境优美的房吗？这套房难道还不能满足您的要求吗？为什么还要犹豫呢？"

技 巧运用

引导促成法

当客户处于犹豫不决或者思绪混乱的状态时，房产销售人员可以采取引导促成法，以一系列由远及近、由浅入深的关联问题，一步步让客户回归到其最根本的需求上，并从这种需求出发来重新认识有意向的房子。当客户意识到选择的房子能够满足其需求时，他们会更乐意、更积极地响应房产销售人员的成交建议。房产销售人员使用引导促成法时需要注意以下几点。

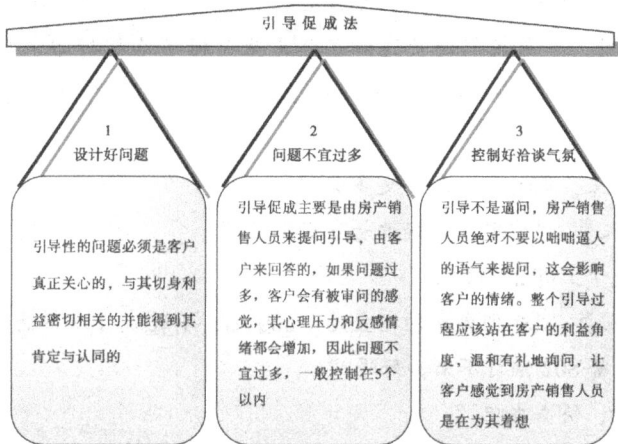

引导促成法

1 设计好问题 — 引导性的问题必须是客户真正关心的，与其切身利益密切相关的才能得到其肯定与认同的

2 问题不宜过多 — 引导促成主要是由房产销售人员来提问引导，由客户来回答的，如果问题过多，客户会有被审问的感觉，其心理压力和反感情绪都会增加，因此问题不宜过多，一般控制在5个以内

3 控制好洽谈气氛 — 引导不是逼问，房产销售人员绝对不要以咄咄逼人的语气来提问，这会影响客户的情绪。整个引导过程应该站在客户的利益角度，温和有礼地询问，让客户感觉到房产销售人员是在为其着想

情景 74 从众促成法

情 景模拟

客户对 802 的 3 居室户型进行了详细了解后，房产销售人员按照他的要求做

出了按揭贷款的方案。客户一手拿着户型图，一手拿着方案，表情凝重，认真思考起来。这时，现场销控报出了一位客户预订成功的消息，全场销售人员都向成交的客户表示祝贺。

客户：（指着刚下定的客户问销售人员）"他定的是什么房啊？"（购买信号）

房产销售人员："哦，那位先生定下的也是3居室户型，就在您那栋楼。"

客户："是吗？你们今天卖了几套了？"

房产销售人员："3居室户型现在还剩下15套，今天售出了4套。"

客户："这么快啊？"

房产销售人员："我们这一片的房价一直在平稳上涨，再加上环境好，又有优质的教育资源，所以南城很多像您家一样的小康之家都搬到了这里，上周政府出台了《北城发展规划方案》，将这里列为重点发展区域后，来买房的客户就更多了，我们预测这周应该可以将所有房子全部售出。"

（这时，现场销控再次报出了另一位客户成功预订3居室户型的消息）

房产销售人员："李先生，您看，那位赵先生预订的正好是您先前看过的那套902，他上午看好的，说是下午就来交定金，可是他刚走，另外一位客户也看上了这套902，于是我们赶紧通知了赵先生，他半路就折回来把这套房定了下来，真是好险啊，差一点就和喜欢的房子失之交臂了。"（提示客户要把握时机）

客户："小王，那定金一般要交多少？"

房产销售人员："您现在大概带着多少钱呢？"

客户："我卡上有2 000元。"

房产销售人员："我们要求的定金是3 000元，不过我可以帮您申请一下，用2 000元先把这套802预订下来，好吗？"

客户："行，快去办吧。"

情景分析

当客户对一套房比较中意，而现场的其他客户又开始纷纷下定或签约时，客户的购买热情和紧迫感也会被充分地激发出来。这时候，如果房产销售人员能够把握时机，配合现场的销售气氛来引导客户，那么客户的购买欲望会越来越强烈。当现场房源越来越少，而成交量越来越多时，房产销售人员提出成交的建议，往往能得到客户快速、积极的认同。

😞 **错误提醒**

在客户的忍耐力到达极限前，房产销售人员绝对不能按捺不住，否则会让客户看出销售人员急于成交的心理，从而下意识地逃避下定或签约。

房产销售人员："李先生，您看，都已经有两位客户预订成功了，现在 3 居室户型只剩下 8 套了，您要赶紧拿个主意呀。"

客户："不是还有 8 套吗，急什么？"

房产销售人员："我担心您不及时定，别人会买走这套房的。"

客户："我都不急你急什么？"

技 **巧运用**

方法技巧 1：从众促成法

从众促成法是指房产销售人员利用其他客户的成交案例以及现场热烈的销售气氛，刺激客户购买的方法。对于缺乏经验的新客户，这是一种比较有效的方法，利用客户的从众心理，可以减轻客户的担忧和顾虑，增加客户的购买信心。当然，从众成交法也有一定的风险，很可能引起一些标新立异、讲究个性化的客户的反对心理，即"别人买了，我就不喜欢跟别人一样"。因此，房产销售人员在运用从众促成法时要选准对象。

方法技巧 2：从众促成法示例

"李先生，您肯定听说过××市的炒房团吧？他们在选择楼盘项目时眼光是出了名的准，上周他们在我们这儿团购了 30 多套房，这说明这里房子的升值空间是很被看好的。您既然是买房投资，这套房是很好的选择。"

"李先生，您看看我们的现场，来买房的大部分都是年轻人，因为我们这里户型设计得时尚新潮，空间利用率高，性价比非常不错，所以很得年轻人的青睐，您在这里定居，肯定能结识不少志同道合的青年朋友。"

"李先生，8 号楼的 3 居室户型是我们这个小区里的最经典、最具品位的，家里有小孩和老人的家庭特别钟爱这种户型，现在这栋楼的 25 套 3 居室户型只剩下了 5 套，您看的这套 802 是其中条件最好的，如果您喜欢不如早一些定下来。"

Chapter 7

第7章

增信任：怎么服务，怎么增进

售后服务是房地产销售的关键环节，客户签约落定并不是房产销售人员销售工作的结束，而是新的一轮销售工作的开始。优质的售后服务能够巩固和加强销售人员与客户之间的信任与好感，很可能促成客户的二次购买或者转介绍。

第1节 售后服务

情景 75 签约的流程与事项

情景模拟

房产销售人员："李先生，能看看您的身份证吗？我需要确认一下您的个人信息。"

房产销售人员："李先生，这是我们的合同文本，我们一起来了解一下具体的条款吧！"

客户："这合同上写着，交房日期是8月1号，不能按期交房的话我只能拿到补偿金，如果你们晚交好几个月，甚至是一两年的，我能在后边补充一条吗？"

房产销售人员："李先生，您想补充什么呢？"

客户："如果你们延期交房超过3个月，我有权退房。"

房产销售人员："李先生，您有这样的担心我能理解，我们做了12年的项目，没有一个楼盘是延期交房的。您看我们现在的施工进度，在8月之前交房没有问题。"

客户："既然这样，那加上这一条也没有问题啊。"

房产销售人员："您稍等，合同修改我必须向经理申请一下。"

房产销售人员："李先生，经理同意了，我们可以加上您的这个要求。您看合同还有哪些地方您有不同意见吗？"

客户："没了。"

房产销售人员："那好，您在这里签个字。"（客户签字后，引领客户办理相关交费手续）

房产销售人员："李先生，恭喜您成为我们的业主，我相信您在新家会过得愉快的！"

情景分析

客户即使同意购买，在签约时仍然会经历复杂的心理斗争，如果房产销售人员稍不留意，很可能在最后关头失去客户。向客户解释合同文本时，房产销售人员应以通俗易懂的语言来讲解，重要条款要一一向客户做重点说明。如果客户对合同提出修改意见，房产销售人员要谨慎考虑是否可行，必须与经理或其他负责人申请后再做修改。签约后，房产销售人员要注意保持自然平静，不要得意忘形，以免在最后一步给客户留下不好的印象。

错误提醒

错误提醒1：很多房产销售人员都会有这样的想法：签约就是结束，就是销售的成功，因此，在客户签约后，销售人员往往喜不自胜、笑逐颜开，这会让客户感觉很不实在、很不放心，他们会认为购买的房子可能不如销售人员介绍的那么好。

错误提醒2：合同是客户保障自己权利的唯一凭证，因此客户会认真仔细地、一条一款地琢磨，房产销售人员如果不能充分理解客户的这一心理，表现出不耐烦的神色，或者频繁催促客户签字，只要客户觉察到了销售人员的这种急于求成的心理，他们很可能会因此警惕起来，延迟甚至是拒绝签约。

房产销售人员："李先生，这份合同一共就20条，您推敲了快半个小时了，如果没问题，您就签了吧。"

客户："我再看看。"

房产销售人员："我们所有客户用的都是这个合同文本，没问题的，您在这里签字吧。"

客户："你这么急着催我签字干什么？这套房卖不出去吗？"

错误提醒3：房产销售人员对合同的每一项条款要非常熟悉，能够做深入浅出的说明和解释，填写合同时应该细致谨慎。如果销售人员自己都不了解合同，向客户介绍时磕磕巴巴，或者照本宣科地念出比较难懂的合同条款，这会极大地打击客户的购买信心，甚至会令他们临时反悔，放弃购买。

房产销售人员："李先生，这是合同文本，您仔细读一下，看看有什么问题没有？"

客户："这个条款是什么意思啊？我看不太明白，你能解释一下吗？"

房产销售人员："合同我也不太熟，您要是看不明白可以跳过这一条，看看其他的条款有没有问题。"

技巧运用

方法技巧1：签约的流程

签约是销售达成前的最后一步，房产销售人员要熟悉和熟练签约的每一个具体的流程。

1. 双方互相验明身份证明原件

2. 向客户逐条解释商品房合同文本的主要条款

3. 双方商讨并确定所有条款的内容，如果客户要求做出修改或备注，应向上级申请

4. 签约成功，客户按合同规定金额缴纳房款

5. 将合同交现场负责人备案

6. 协助客户办理登记备案和银行贷款等相关事项

7. 登记备案及银行贷款手续办理完毕后，将一份合同交与客户保留

8. 向客户表达真诚的祝贺

方法技巧2：签约过程中的注意事项与技巧

在签约这个最后阶段，房产销售人员要注意以下事项和技巧，排除一切可能的阻碍，最大限度地保证客户成功签约。

签约注意事项与技巧

1. 签约前熟悉合同文本，能熟练填写并做出通俗易懂的解释

2. 客户对合同条款提出修改意见时，先认同再说服，尽量不做修改，在客户坚持的情况下，销售人员应与现场经理协商解决方案

3. 合同最好由购房人亲自填写，并由其本人签字

4. 在客户签约时，房产销售人员可以选择一些轻松的话题，尽可能地缓解客户签约时的压力与不安

5. 不管客户是交定金还是交房款，房产销售人员均不能接触客户的款项

6. 签约后不能沾沾自喜、得意忘形，也不能表现得诚惶诚恐、感激备至，应该保持一如既往的自然态度，对客户签约表示真诚的祝贺与感谢

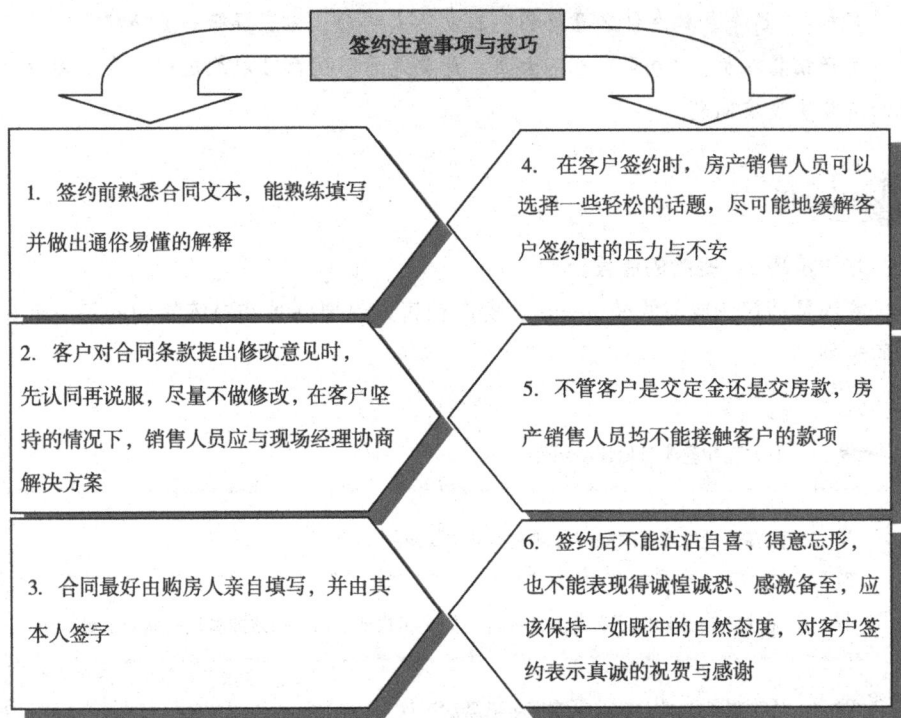

情景76 老客户怨诉应重视

情景模拟

客户李先生的房子按期交付使用后，水、电、燃气迟迟没有到位，给李先生的生活带来极大的不便。于是，李先生把一肚子火全撒在了买房时负责接洽的销售人员头上……

客户："你们怎么搞的嘛！房是交了，可是一没电，二没水，三没燃气，这房子还怎么住嘛！你们太不负责了！"

房产销售人员："李先生，您跟我到休息区慢慢说，把详细的情况告诉我。"（将客户引离销售现场）

客户："我房子上周交付的，但是进去才发现水、电、燃气都还没通，我找了你们公司的人好几回了，每次都说明天就好，可是一个星期过去了，还是没人管！"

房产销售人员："哦，李先生，难怪您这么气愤，如果我遇到这种情况，肯定也会和您一样生气。您入住后对房子本身还满意吗？"（转移话题）

客户："房子？哦，这套房子还不错，现在在搞装修，整体效果会比你们的样板房还要好。"

房产销售人员："哦，是吗？当时我就觉得您和太太都是非常有品位的人，同样的东西只要经过你们的摆弄，总会显出不一样的效果来。"（平定客户情绪）

客户："小王，你真会说话。刚我太激动了，说话有些冲，你别介意。"

房产销售人员："没事，您发这么大火是有道理的。责任在我们。我们现在正在加紧工作，最迟后天水、电、燃气就会通到您家。"（提出解决方案）

客户："真的？"

房产销售人员："李先生，从您第一次来看房到现在，没把握的话我一句也没对您说过吧？我保证，后天我们绝对能做到。"（给客户信心）

客户："好吧，我相信你，那后天要是还不行，我就去找你们领导投诉啊。"

房产销售人员："好的，李先生，您放心吧，后天没问题。等您家装修好了，一定要允许我去参观一下啊。"

客户："呵呵，好啊……"

情景分析

新房交付前后是客户抱怨和投诉的高发期。客户花大笔钱甚至是倾尽全部家庭收入买了房，自然会对房子抱有极高的期望，一旦发现实际得到的房子存在缺陷或问题，客户当然会抱怨甚至投诉。如果问题得不到及时的解决，客户的不满情绪会快速提升，甚至会产生扩散效应，影响到周围其他客户对楼盘的看法和印象。因此，房产销售人员要高度重视并积极应对客户的投诉和抱怨。

错误提醒

错误提醒1： 不要推诿，不要否认，否则房产销售人员的态度只会进一步激怒客户。

客户："我新房子现在就开始漏水了！"

房产销售人员："是吗？怎么可能呢？我们的房子是经过验收的。"

房产销售人员："哦，漏水啊，您去找过物业吗？物业有专门的人员负责维护的，与我无关。"

错误提醒2：一般情况下，客户有抱怨时情绪会非常暴躁，但是，房产销售人员要明白这是对事不对人的，因此，不需要害怕，或是消极逃避前来抱怨或投诉的客户。

客户："我房子面积缩水很多，和样板房根本就是两样的！"

房产销售人员："呃……是吗？这个……这个……"

房产销售人员："呃……您等一下，我去请我们经理过来，您跟他谈。"

技巧运用

方法技巧1：客户产生投诉或抱怨的原因

解决问题的第一步是弄明白问题的来龙去脉。客户投诉与抱怨的具体内容多种多样，但导致客户产生投诉或抱怨的原因大致可分为以下几种情况。

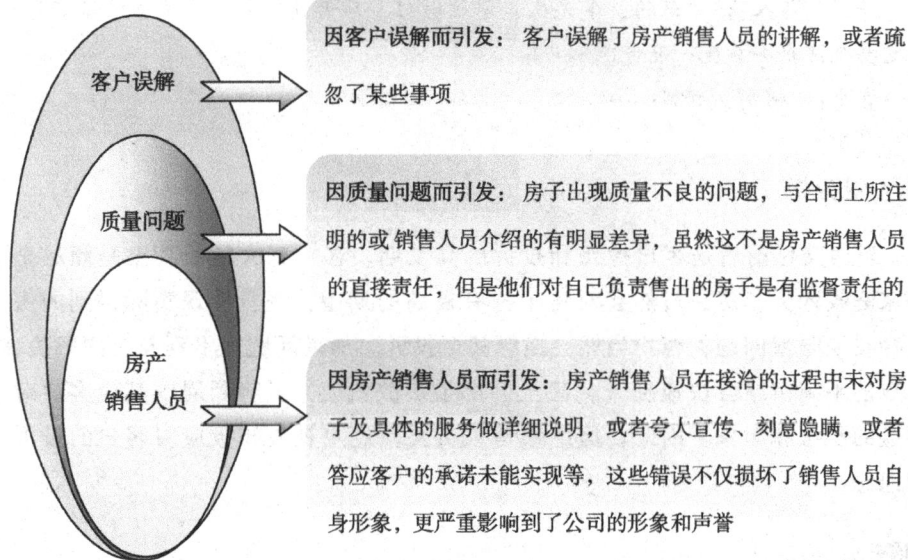

客户误解

因客户误解而引发：客户误解了房产销售人员的讲解，或者疏忽了某些事项

质量问题

因质量问题而引发：房子出现质量不良的问题，与合同上所注明的或销售人员介绍的有明显差异，虽然这不是房产销售人员的直接责任，但是他们对自己负责售出的房子是有监督责任的

房产销售人员

因房产销售人员而引发：房产销售人员在接洽的过程中未对房子及具体的服务做详细说明，或者夸大宣传、刻意隐瞒，或者答应客户的承诺未能实现等，这些错误不仅损坏了销售人员自身形象，更严重影响到了公司的形象和声誉

方法技巧2：处理客户怨诉的流程

处理客户怨诉时，房产销售人员的原则是先安抚客户情绪，再解决实际问题，具体的应对流程如下。

1. 倾听理解，安抚客户情绪

客户来投诉时难免有烦躁、失望、气愤的情绪，可能会有愤怒、激动，甚至破口大骂等过激的行为。此时的客户需要得到理解、尊重和重视，需要销售人员的迅速响应。这个阶段主要就是安抚客户的情绪，让他们尽量发泄不满和愤怒，负面的情绪释放得越多，在后期的沟通中客户才会更理智。如果客户是在销售现场提出投诉，房产销售人员要将客户引到其他在场客户注意不到的地方，避免给现场的销售带来不利的影响。安抚客户情绪的常用话术有以下几种。

"您别着急，我们到这边坐下聊，告诉我具体是怎么回事，我来帮您解决。"

"我理解您现在的心情，我们只有了解了事情的原委才好进行处理，麻烦您把事情经过告诉我，好吗？"

"难怪您发这么大火，如果我是您，我也会生气的。"

"您别生气，我们先到休息室喝杯茶，您跟我说说房子出现什么问题了？"

"您希望我们怎么处理这件事情呢？"

"您来听听我理解得对不对，您说事情是这样的……您希望得到……我理解得对吗？"

2. 明确责任，提出解决方案

了解客户投诉的详情后，房产销售人员要给客户一个合理的解释，如果确实是自己这一方的责任，房产销售人员必须谨慎权衡，必要时与上级沟通，确定可行的解决方案；如果责任在客户，房产销售人员也不能得理不饶人，不能直接将问题归咎于客户。常用的话术有以下几种。

"真的非常抱歉，这件事情是这样的……确实是我们的失误，您看我们这样做行吗……"

"对不起，这主要是我当时给您介绍时没有说清楚，情况是这样的……"

"这个问题我们在签约之前讨论过，要是当时我再跟您说清楚一些就好了，事情是这样的……"

3. 监督执行，跟踪处理效果

提出解决方案或解释后，房产销售人员首先要征求客户的意见，询问他们是否满意，是否有其他要求，这样才能体现出销售人员的诚意和尊重，也更容易得到客户的支持和配合。客户认可之后，房产销售人员要监督解决方案的执行过程，对处理效果进行跟进，避免引起客户的再投诉。常用的话术有以下几种。

"我们向您承诺，3天之内，彻底解决这个问题，您看怎么样？"

"这两个方案，您愿意我们执行哪一个呢？"

"您看我们这样解决，您还有什么其他方面的要求吗?"

"您看我们这样处理可以吗?"

方法技巧3：客户投诉记录表

客户的每一次投诉每一次抱怨，都意味着房产销售人员和房地产企业尚有进一步的提升空间。因此，投诉和抱怨有很大的意义和价值。每处理一起投诉，接受一次抱怨，房产销售人员都要及时做好信息的整理和记录工作，知不足而后学，吸取经验教训，以后的工作才可以做得更完善。下面是客户投诉记录表。

客户投诉记录表

客户姓名：	联系地址：		联系方式：
投诉时间：	处理时间：		处理人员：
投诉事件缘由：			
投诉处理经过：			
投诉处理结果：			
主管意见建议：			
备注：			

情景77 客户退房妥善处理

情景模拟

客户李先生购买了一套期房，合同约定的交房日期是8月1日，但是施工进度不理想，预计交房日期将延迟到9月初。李先生了解到这一情况后来到销售中心，找到房产销售人员要求退房……

客户："你们太过分了，我11月结婚，我买房是用来做婚房的，搞装修怎么也要3个月。当时买房时问你能不能按时交房，你说没问题，现在交不了房了，你说我去哪儿结婚啊！我不要这套房了，退了它我可以立马买套好的二手房。"

房产销售人员："李先生，您现在的心情我完全能理解。结婚是一辈子的大事，谁都希望顺顺利利的。您11月结婚，是吗？"（倾听理解，转移话题）

客户："是啊。"

房产销售人员："我见过一次您未婚妻，非常漂亮，一看就是很温柔、贤惠的好妻子，您真有福气。"（安抚客户情绪）

客户："但是现在房子不能按时交付，我总不能租个地方当新房吧！我再也不相信期房了，还是现房放心，你给我把这套房退了！"

房产销售人员："李先生，您买房后的这7个月里，这一地段的房价一直在上涨，您这套房现在每平方米已经升值了500~800元，这一套房总体升值了七八万啊，现在退房我觉得您比较吃亏啊。"（站在客户利益的角度冷静分析）

客户："那能怎么办，我不能改婚期，房子又拿不到，我只能退了买别的房嘛！"

房产销售人员："李先生，您看这样好不好，我们这一期项目现在确定能在9月3日交房，这样距离您婚期还有两个月，我给您推荐几家我们经常合作的装修公司，因为合作过所以比较熟，价格上也实在，您可以选择一家，我请他们在两个月内保质保量地做好您这套房的装修，这样就不会耽误您的好日子。至于延期的这1个月的补偿金，按照合同规定的金额我们在明天之前付给您，您看行吗？"（提出解决方案）

客户："你们确定能在9月3日交房？"

房产销售人员："如果您觉得我说话不太可信，我可以请我们领导来跟您做个保证。"

客户："这倒不必了，那就这么说好了，9月如果再拿不到房，我就真的退了！"

房产销售人员："行，没问题。李先生，先祝您新婚愉快！"

情景分析

很多客户在购房后，往往会因多方面的原因而提出退房的要求，比方说，房价大幅下降，客户经济条件发生改变无法承担房款，或者房子出现严重问题等。处理客户退房的问题，房产销售人员应该仔细地了解客户退房的原因，与上级协调商讨，结合合同条款，明确是否可以为客户办理退房。不管是否允许退房，房产销售人员都要珍惜与客户之间建立的联系和信任基础，努力维持，不要随意破坏这种关系。

😞 错误提醒

错误提醒1：房产销售人员不能"一刀切"，即要么坚决不退房，要么是只要客户提出退房就照办不误，这两种方式都不妥当。

客户："我买的房子面积严重缩水，我要求退房！"

房产销售人员："只要我们没有违反合同，房子就不能退。"（坚决不退房，激怒、惹恼客户）

房产销售人员："哦，是吗？这样的话，我们可以为您办理退户。"（照办不误，不利于公司利益）

错误提醒2：客户可以暴跳如雷，但房产销售人员要保持绝对的冷静。如果销售人员受到客户情绪的影响，双方针锋相对，只会让情况更加恶化。

客户："我要退房，之前你说楼与楼之间隔着20多米，可是现在我们那楼与另一栋紧挨着，我都能看清对面人家，这样还有什么隐私啊！你是在夸大宣传，我有权退房！"

房产销售人员："哦，是吗？你怎么能证明当初我是这么说的？拿不出证据就退不了房！"

技 巧运用

客户退房的处理

处理客户的退房要求与处理客户的怨诉有一个共同的原则，即先安抚客户情绪，再解决问题。退房最终会影响销售和公司的利益，因此，如果能够安抚或者补偿客户，房产销售人员轻易不要同意客户的退房要求。

是否允许客户退房，最重要的是要明确责任与过失在哪一方。如果确系房子的问题或者己方的服务过失，而且合同有条文规定的，在不能劝说客户放弃退房的前提下，房产销售人员可以与相关负责人商讨后，为客户办理退房；如果是客户的责任，销售人员则要耐心谨慎地说服客户；如果争议无法解决，可以提请仲裁机构调解或通过法律渠道解决。

房产销售人员为客户办理退房的基本步骤如下图所示。

了解详细情况，分析退房原因	向上级报告并申请，确认是否可以退房	结清相关款项	收回合同，交专人留存备案	礼貌送客，保持联络

第2节　增进信任

情景78　售后回访增进感情

情 景模拟

情景1：房子交付前的电话回访

房产销售人员："李先生，您好，我是××楼盘的置业顾问小王啊，您明天就可以看到您的那套房了，我打电话问您一下，明天需不需要我陪您一起验房啊？"

客户："哦，真的啊？你明天有空吗？"

房产销售人员："没关系，我请了一上午的假，想专程陪您验一下房。买一套房不容易，我希望您能安心、放心地搬进这个新家。"

客户："非常感谢你，那明天上午9点我们楼下碰头吧。"

情景2：客户入住之后的登门拜访

房产销售人员："李先生，您好，今天是您的乔迁之喜，我冒昧地来打扰您一家子，您不会介意吧？"

客户："不会，不会，我很高兴你能来，太让我意外了。"

房产销售人员："李先生、李太太，我带来了两盆盆栽，以前听李太太说很喜欢蝴蝶兰，所以特地选了这种花，希望能给你们的新家添一份美丽。"

客户："你太客气了，快进来坐坐吧。"

房产销售人员："李太太，您真的很不一般，居然能把家里布置得这么漂亮，我们的样板房都比不上您的新家呢。"

情景3：处理客户投诉之后的电话回访

房产销售人员："李先生，您好，上一次您跟我说新房有渗水的现象，不知道我们售后的同事去您家检修了没有？"

客户："哦，他们很早就来了。"

房产销售人员："渗水的问题处理好了吗？"

客户："嗯，他们忙了一上午，渗水问题解决了。"

房产销售人员："哦，那我就放心了。李先生，给您造成这样的麻烦真的很抱歉，如果以后遇到什么问题，请您随时联系我。"

客户："好的，谢谢你啊，小王。"

情景分析

房产销售人员在客户签约之前热情相待、关怀备至，客户可能不会有非常特别的印象，但是，如果客户签约了，入住了，甚至已经住了几年了，房产销售人员依然能与客户保持良好的关系，适时表达关怀，及时帮助客户，这样的售后回访与关系维护，才是最能赢得客户绝对信任与绝对好感的。因此，优秀的房产销售人员能够始终如一地为客户服务，不仅做好签约前的销售工作，更看重签约后的关系维护。一句问候、简单实在的一份小礼物、力所能及的一次援手，这些细节往往能将一个普通客户转变为老客户，甚至是忠诚客户。

错误提醒

很多房产销售人员都有这样的想法：房子是大宗商品，客户不可能像买衣服一样隔三差五地购买，很多家庭三五十年就买一套房，售后的回访和维护是没有多大效果的，客户即使再感动，也不可能每天都来买一套房。而且，房产销售人员工作的流动性很大，所以老客户对他们的意义并不大。因此，房产销售人员很容易就忽略了售后的关系维护，甚至将签约成功作为销售的终点，这样的销售人员缺乏远见。每一个买房的客户身边都可能有同样处于选房买房阶段的潜在客户，只要老客户一句简单的评价或赞美，这些潜在客户就会主动地找到房产销售人员，这种销售耗费的成本和精力最小，而成功率却是最高的。

技巧运用

把握售后回访的时机

售后回访能够有效地增进与客户的信任和感情，但是如果不分时机、不分时段地频繁联系客户，也会给客户留下不好的印象。哪些时机回访客户能取得积极的效果呢？

回访时机	回访内容
客户下定或者签约后	祝贺客户购房成功，强调客户决策的明智与正确
客户购买的期房或配套设施完工时	邀请客户前来参观体验
客户验房之前	提醒客户验房的具体事项，或提出陪同客户验房
客户搬家之时	询问客户是否需要帮助
客户入住之后	询问客户对房子的满意程度，询问有无质量问题
节假日及客户生日	为客户献上诚挚的祝福

情景 79　老客户人际关系巧利用

情 景模拟

房产销售人员："李先生，怎么样，孩子的入学手续办好了吗？"（先从寒暄话题入手）

客户："哦，多亏你通知我去参加学校的入学咨询会，入学手续办好了，一开学我们家贝贝就要上一年级了。"

房产销售人员："贝贝那么聪明可爱，肯定能得到老师和同学们的喜爱的。"

客户:"谢谢你。"

房产销售人员:"李先生,上次您提到有个朋友赵先生正在考虑买房子是吗?"(主动要求)

客户:"没错。"

房产销售人员:"我们这个周六会推出180多套房源,买房子送全套的品牌家电,您看能不能和赵先生一起来看看呢?"(优惠吸引)

客户:"是吗?送全套家电啊?这个优惠真有吸引力,我帮你约一下。"

房产销售人员:"您是个很好客、很讲义气的人,如果最好的朋友和您住在同一个小区,平时闲下来的时候可以一块在社区内的健身馆游游泳,在咖啡吧里聊聊天,这也算是人生一大乐事,您说对吧?"(利益描述)

客户:"还真是,我怎么没想到呢。好吧,你放心,周六我一定带朋友过去。"

房产销售人员:"谢谢李先生,那周六我在销售中心等着您。"

情景分析

每一位购房的老客户身边往往都有几个年龄相仿、有同样的购房需求的潜在客户。如果房产销售人员与老客户维持有长期的、友好的关系,那么就能通过老客户的转介绍认识到他们身边的潜在购买群体,如果老客户能够将自己对销售人员及其销售项目的好感与赞赏分享给潜在客户,那么房产销售人员的销售机会和成交概率都会大大增加。优质的售前售后服务是取得老客户完全信赖的唯一条件,而只有在这种充分信赖的基础上,老客户才有可能将自己的朋友、亲人推荐给销售人员。

错误提醒

错误提醒1:如果老客户不愿意做转介绍,或者不愿意透漏自己朋友或亲人的详细信息,房产销售人员不应该强迫客户,否则会影响双方已经建立好的关系。

房产销售人员:"李先生,您有个朋友赵先生正在选房,是吧?您能告诉我他的电话号码吗?"

客户:"这个我不方便告诉你。"

房产销售人员:"没关系嘛,我不会老打他的电话,我也不会说是您告诉我的,他的电话号码是多少呢?"

客户:"我先问问他的想法吧,如果他同意,我会告诉你的。"

错误提醒2:不要功利性地一打电话或者一见面就要求客户做转介绍,这会让客户有被利用的感觉。

房产销售人员："李先生，您有什么朋友正想买房吗？告诉我一两个吧。"

客户："你打电话就为这事啊，我不认识什么买房的人。"

技巧运用

老客户转介绍是最容易获得高意向、高质量客户的一种有效渠道。转介绍最关键的一个前提是客户已经建立了充分的好感和信任感，也就是说，不论客户是已经签约买房的，还是拒绝购买的，只要他们认可销售人员，认可楼盘项目，或者认可开发商，那么房产销售人员就应该提出转介绍的请求，并尽可能地了解到潜在客户的详细信息。

在向客户提出转介绍请求时，房产销售人员一般可以按照以下的步骤来进行。

1. 唤起客户的良好印象

房产销售人员可以聊一聊客户印象深刻的某件事，或者选择一两个客户感兴趣的话题，通过简短的对话唤起客户对销售人员的良好印象与好感，让客户把销售人员当朋友一样看待。

2. 主动请求转介绍

以自然的神态和诚恳的语气向客户主动请求转介绍，可以直接询问客户身边有无近期需要购房的朋友，或者提起客户先前对话中说过的某个人物。

3. 强调转介绍的利益

剖析转介绍能为潜在客户以及老客户自身带来的利益和优惠，以此来坚定客户做转介绍的决心，举例如下。

"李先生，我们认识这么久，您肯定知道我是个什么样的人。我会像对您一样对待您的朋友，每一位买房的客户都希望能有人跟他们说说实话、提提建议，您说对不对？"

"张姐，我们现在正在举办一个'与朋友做邻居'的活动，您如果能介绍一位朋友来我们销售中心看房，我们会赠送您一套精美的高档餐具，而您的朋友买房时能享受到最低九五折的大优惠，您想想看，有没有朋友最近想买房的呢？"

"张姐，如果您有几个好朋友能与您住在一个小区就好了，假日的时候可以聚在一块吃吃饭，孩子们也可以在一起玩耍，不会孤单。平时有个急事需要帮忙，朋友们走几十米就能到您的身边，您说这样是不是很好？"